张云华 / 著

乡村变局

COUNTRYSIDE CHANGES

上海远东出版社

图书在版编目(CIP)数据

乡村变局 / 张云华著. —上海:上海远东出版社,2024
ISBN 978-7-5476-1980-3

Ⅰ.①乡… Ⅱ.①张… Ⅲ.①农村—社会主义建设成就—中国 Ⅳ.①F320.3

中国国家版本馆 CIP 数据核字(2024)第 002653 号

出 品 人　曹　建
责任编辑　王智丽
封面设计　图高视觉
插图设计　图高视觉

乡村变局

张云华　著

出　　版	上海远东出版社
	(201101　上海市闵行区号景路159弄C座)
发　　行	上海人民出版社发行中心
印　　刷	上海中华印刷有限公司
开　　本	890×1240　1/32
印　　张	7.625
插　　页	1
字　　数	134,000
版　　次	2024年3月第1版
印　　次	2024年3月第1次印刷
ISBN	978-7-5476-1980-3/F·725
定　　价	48.00元

卷首语

穿越对话山村巨变

如果有台时光穿梭机，我最想穿越回40年前，与在小山村上小学的我，手挽手聊聊天，聊聊小山沟外面的多彩世界，与一个懵懂的孩童一起憧憬未来，讲讲小山村将会发生的巨大变化。那时不会想到我们整村会搬迁到县城，当时的县城对我来说是个遥远的地方，直到考上高中我才第一次走进那个"大城市"，就连我父母对县城也是陌生的，中考填报志愿时，父亲让我报邻近镇上的高中，我自作主张报了县城的高中，父亲担忧斥责说："到时候城里家欺负死你我也不管！"没想到上高中时城里同学待我还挺好，从我们那几届后县城高中不断扩招扩大搬迁新址，一届班级从我们当时六个班扩大到如今的二三十个班，当年我上的镇上初中学校已被撤并，邻近镇的高中也早已迁至县城，周边山村大都人去村空。

父母亲如今年逾古稀。我还想穿越回去与那时年轻漂亮的妈妈手拉手去锄草、摘豆角、刨红薯、喂鸡养狗，告诉她以后种地不用这么辛劳地全靠一双手了，您一天干的农活农机一刻钟就干完了，那些从没见过的机械会智能地替代人力来耕地、播种、收获、烘干、磨面，爱美的妈妈的脸不会因长年劳作晒黑，手不会因干不完的农活、针线活、家务活而关节肿大变形伸不直。我还会告诉她以后也用不着家家户户都种地，一个村的地有几个专业大户种就够了，除了年纪大还想种地的，那些不想种、不会种的把承包地租出去就行了，有头脑有体力的早些出去做生意打工都行。

我想穿越回去与那时强壮帅气的父亲一起拉大锯锯木头，告诉这位心灵手巧学了三个月就出师的木匠，以后都是机器在切割木头、打造家具，也就不太会发生人被刨子伤脚休养数月的事情；与他一起用土胶泥打磨缸瓮，告诉这位有点经营头脑的小瓷窑承包者，您是农村改革后的第一批乡村创业者，以后这种小瓷窑要被淘汰了；与他一起喂喂长毛兔、桑蚕，劝他及早止损，搞养殖成本大、技术性强，疫病、市场风险大，干不好别干了，以后养殖将工场化、工业化；与他一起记记借贷账目，听这位原村集体会计讲讲集体经营的酸甜苦辣；与他聊聊村里家长里短，请教他热心村务、乐于助人、巧妙疏解村民矛盾的乡土道理。

不识乡村大变化①，只缘身在此乡中。新世纪以来，特别是近十年来，我国乡村发生了很大变化，在世界百年未有之大变局的新时代，乡村变局悄然发生，深远影响正在展开。然而，我们或许并未深入、前瞻地认识到并且梳理乡村局势的变化，以及乡村变局对经济社会和个人的相互、长远影响。

"青山遮不住，毕竟东流去。"事物每天都在发展变化，随着时间的推移而累积成巨大变化，但一天天、一年年的渐变会让人不能深刻感受到变化，特别是对变化趋势缺乏认知。回望10年前、20年前、30年前甚至更长，相信每个有乡村经历的人都会说出一些乡村的变化，这些一乡一村、一人一家、一条一缕的变化正在交织汇集成宏大

---

① 当我们在谈论乡村的时候，我们在谈论什么？《现代汉语词典》对乡村的解释是"主要从事农业、人口分布较城镇分散的地方"，对农村的解释是"以农业生产为主的人聚居的地方"。《古代汉语词典》对乡村的解释是"城市以外的地区"（这一释义不准确）。《中华人民共和国乡村振兴促进法》（2021年）所称乡村，是指城市建成区以外具有自然、社会、经济特征和生产、生活、生态、文化等多重功能的地域综合体，包括乡镇和村庄等。

的乡村变局，并且仍然在发展变化中，沿着发展变化规律和趋势之道，走向未来 10 年、20 年、30 年……

张云华

2023 年 12 月 6 日于北京

目 录

卷首语　穿越对话山村巨变
1

乡村人口变局：大迁移
001

乡村形态变局：空心化
017

乡村产业变局：专业化
045

人地关系变局：拐点已至
055

农业经营变局：规模化
069

农业生产方式变局：机械化、智能化
085

养殖业变局：工业化养殖
095

农业气候变局：暖湿化
111

农业经营方式变局：家庭农场
123

承包地变局：延包中放活
139

承包地退出变局：人地分离
155

集体建设用地变局：打开入市通道
171

宅基地变局：使用权流转
189

乡村社会变局：开放
209

乡村治理变局：从礼治到"三治"
227

乡村人口变局
大迁移

20世纪90年代离乡外出的第一代农民工,等年纪大了,有不少还会回到乡村。但新世纪之后的新时代农民工、离乡进城的年轻人却多数不会再回到乡村了,"人闲桂花落,夜静春山空",无论他们对家乡多么留恋,他们也会在城里工作、安家、繁衍生息。

乡村变局中最大的变局是人口变局，人口变局直接影响着乡村的一系列其他变局。

农业社会乡村人口长期稳定

数千年农业社会中，我国乡村的人口状态一直都比较稳定。乡村人口占国家总人口的大头，乡村人口向城市迁移并不为多。中华人民共和国成立时的1949年，我国乡村人口占总人口比例近9成，农村改革开启之际的1978年，乡村人口占比依然高达82%。农业社会乡村人口的稳定状态有两方面的原因。

其一是人口管理制度。自秦汉以来，历朝历代实行编户齐民的人口管理制度，将人民平等地编入户籍，直接地统一管理，国家管理人口不再经由诸侯、贵族、宗族等中间环节。编户齐民的人口管理制度成为国家的土地分配制度、赋税制度等管理制度的基础。农业社会中,乡村的人、地、赋税紧密地联系在一起,人依托于土地,国家赋税依托于人与地,人口得以稳定于乡村。历代封建王朝中,人口稳定则国家稳定,而一旦流民四起则国家动乱。中华人民共和国成立后,以1958年1月9日颁布施行的第一部规定户口登记制度的《中华人民共和国户口登记条例》为标志,我国开始实行严格的户籍管理制度,首次明确将城乡人口区分为"农业户口"和"非农业户口"两种户籍,并以法律形式严格限制农民进入城市。

其二是经济社会发展水平。长期以来,农业社会以农为主,工业发展水平低,能提供的就业少,城市对乡村人口的吸纳能力弱,人口更多地只能依托于土地劳作生产,从而也稳定于乡村。唐代贺知章《回乡偶书》中描写的"少小离家老大回,乡音无改鬓毛衰。儿童相见不相识,笑问客从何处来"的情形是比较少的。

波澜壮阔的乡村人口向城市大迁移

乡村人口向城市大迁移既是从乡村向城市迁移,同时又是从中西部、东北部向东部沿海发达地区迁移,具有区域性迁移特点。历史上,曾因战乱、灾荒等而发生过多次区域性人口大迁移,有政策性的也有自发性的,比如西晋时期衣冠南渡,唐朝安史之乱时中原地区人口南迁,北宋政权转到南宋时人口南移(以上三次大规模的中原人口南迁至闽粤等地,形成"客家人"),明初山西洪洞"大槐树移民"(史称明朝洪武移民,从山西移民人口至中原和江南,洪洞县是移民集散中心,移民事务办理机构所在的广济寺旁有一棵茂盛的大槐树,成为移民世代心中家乡的象征,我就有同学、朋友称祖上是从大槐树移民出去的),明清时期"湖广填四川",走西口,闯广东等。历史上的区域性人口大迁移往往伴随着无数家庭的不幸与艰辛。而当代乡村人口向城市、向发达地区的大迁移则是获得更好就业和生活条件的途径。当前和今后,越来越多的城里人可能终生不会回到父辈、祖上的乡村,而只会依着长辈的诉说才知道先辈来自那里。

年轻人"鲤鱼跳龙门"离乡进城

与乡村人口向城市大迁移相伴随的是更多的乡村年轻

人离乡进城,实现他们的"鲤鱼跳龙门"。近些年到乡村去看,年轻人稀少,大多是到城市打工经商去了。离开农业、离开乡村、从事工商业、生活在城市成为绝大多数乡村年轻人的理想,也是乡村长辈对年轻人的期望,就如我小时候母亲常鼓励我的"好好学习,长大后不要再像俺们一样欺负土疙瘩了"。乡村的年轻人、人才持续流失,工商业迎来更多生力军,城市展现出蓬勃活力。

人往高处走,年轻人"鲤鱼跳龙门"离乡进城即是人往高处走的现实写照。城市与乡村之间存在着经济收入与社会福利鸿沟,城市有更多的工作机会、更高的工资收入、更大的发展空间、更便利的社会服务、更丰富多彩的娱乐生活,这些吸引着年轻人离开乡村外出奋斗,追求更加美好的生活。

小说《平凡的世界》中的孙少平应该是农村改革后第一批外出打工的农民工,他1977年高中毕业后回到家乡双水村,做了3年的乡村初中教师后,因初中班垮了而被解除教师职务。随父兄在山里劳动的孙少平不甘心做个安分守己的农民,他还怀揣离开乡村外出"闯荡世界"的梦想。但理想很丰满、现实很骨感,孙少平1980年到黄原城打小工干体力活,后来算是幸运地被国营煤矿招为正式工人。孙少平的苦难经历、艰难的奋斗、内心的坚韧曾经激励了我和我们那一代好多年轻人。对乡村而言,乡村的农业及其他产业承载不起年轻人的梦想,留不住年轻人,但绝大多数年轻人的流失又导致乡村产业发展缺乏人才、乡村生活缺乏活力,乡村后继无人。20世纪90年代离乡外出的第一代农民工年纪大时有不少还会回到乡村,但新世纪之后的新时代农民工、离乡进城的年轻人却多数不会再回到乡村了,"人闲桂花落,夜静春山空",无论他们对家乡多么留恋,他们也会在城里工作、安家、繁衍生息。

乡村人口将降至3亿及以下

乡村人口城市化是一个大趋势,随着工业化程度、经济社会发展水平的提升以及相关管理体制机制的改进而推进,发达国家先行,发展中国家跟进。20世纪70年代末80年代初农村改革以来,我国严格限制乡村人口迁移流动的户籍管理制度逐步放松,不断打破限制乡村人口迁移与就业的条条框框,乡村劳动力可以自由流动就业,乡村人口可以进城居住、生活。随着经济社会发展和工业化水平提升,城市中工业、商业门类增多,就业机会增加,城市

老母亲目送孩子离乡

对农村劳动力的吸纳能力增强。而同时，乡村中土地与农业的承载能力有限，小农生产中存在大量的富余劳动力和劳动时间。农业和乡村劳动力富余、工商业和城市需要劳动力，两厢合拍，开启了乡村人口向城市持续四十多年至今的大迁移，即乡村人口城市化（城镇化）。到2022年，我国城镇人口占总人口比重（城镇化率）为65.22%，相当于农村改革以来，农村人口总体上持续以每年约1%的速度、上千万人的规模迁移进城，每年的迁移人数相当于欧洲一个中小国家的人口数量。放在历史的长河中，我国乡村人口向城市大迁移是一幅波澜壮阔的历史长卷，吸纳解决这么多人口的就业与生活问题也是我们国家一项了不起的经济社会大成就。并且，乡村人口向城市大迁移的趋势仍在继续，据我们预测，20年后，乡村人口将降至3亿、占全国总人口比率20%。

乡村人口的降幅是谋划乡村振兴战略的最大变量。15年后，我国农村将比当前减少2亿常住人口，减少将近一半，几乎相当于减少英国、德国两个欧洲较大国家的人口总量。对我国农村常住人口大幅减少的这一巨大变化，我们需要提前预判、提前应对，需要超前谋划乡村振兴战略及相关农业农村中长期规划。农业农村现代化的未来愿景，归根到底是人的愿景，必须基于人口及其结构长远变化来构思构想。应根据农村常住人口大幅减少的趋势，对全国村庄总体布局与微观设计、农村的国土空间规划、农村基础设施与公共服务建设、生产生活生态的协调发展、城市与乡村的融合等各个方面进行超前谋划。超前谋划应不止于五年规划，而应放眼基本实现农业农村现代化的未来15年。乡村振兴的投资和建设不能囿于现有农村常住人口，而应根据乡村人口大幅减少的趋势，科学设计，合理有效利用有限的资金、资源、要素。未雨绸缪，避免浪费，千方百计提高乡村振兴战略的实施效果。

乡村老龄化严重

近些年来，随着新一代农民工成为农民工的主体，乡村人口外流出现了新特点。过去"50后""60后"传统一代农民工多是独自外出打工，他们的妻子、子女、父母留守老家农村，被戏称为乡村"386199部队"（38、61、99，分别代指过"三八"节、"六一"节、"九九"重阳节的妇女、儿童、老人）。但新一代"70后""80后""90后"农民工越来越呈现举家外出的特征，子女随迁外出读书乃至就业，妻子陪读、照顾家庭并兼打零工，而其父母大多还留在农村。"白云一片去悠悠，青枫浦上不胜愁。"乡村常住人口正由留守妇女、留守儿童、留守老人为主的"386199部队"逐渐转变为以留守老人为主的"99部队"。我和同事周群力、殷浩栋博士在吕梁山区调研看到，庙坪村、碾头村等大多数乡村中，常住人口已经是以老年人为主。从全国来看，除了邻近城市的或者东部发达地区的乡村，乡村人口老龄化形势严峻。

"孤舟蓑笠翁，独钓寒江雪。"乡村老人只要能动就还会继续干农活，除非生病或者行动不便，才不得不依靠子女照顾。碾头村的马大爷，76岁还能种地养鸡、生活自理，两女一子都在县城打工、做小生意。村干部表示，当地群众在观念上还不太接受社会养老，镇上的养老院则主要还是五保户去住。老人们只要还有子女可以投靠，会由于怕花钱、住不惯等原因而不愿意去养老院；子女也怕担上"不赡养老人"的坏名声，不愿意送老人去养老院。但家庭养老也存在"子女靠不上""不愿靠子女"等问题。该村依靠村集体经济收入和产业扶贫项目建设了一处日间照料中心，给不方便自己做饭的老人提供饭食，也提供一些简单的照料。

根据农村老龄化明显升高趋势，应不断健全农村养老保障体系。未来农村常住人口老龄化问题将十分突出，将会呈现几个特征。一是由于大量青壮年劳动力及其子女进城，农村老龄化比例高，农村约一半人口为老龄人口，农村老龄化程度甚至高于城市。二是农村中的老龄人口将多数是留守老人，子女不在身边，无人照顾。三是农村常住人口居住分散，照料、医疗等服务难度大。农村现代化征程上的养老形势将异常严峻，健全农村养老保障体系已迫在眉睫。首先，应进一步完善新型农村社会养老保险制度，加大财政补贴与个人缴费力度，逐步提高农村地区养老金水平。其次，应在农村新型合作医疗制度中重点考虑老龄人口医疗问题，针对农村老人老年慢性病多发、居住分散、行动不便、报销不便等特点，推行农村新型合作医疗下沉农村、贴近农村老人的医疗服务。最后，应不断完善农村社会救助体系，重点加强对失能、高龄老人的救助；逐步提高日间照料中心、养老院在农村地区的覆盖面；探索集中养老、互助合作养老、社会捐助养老等农村养老服务模式。

村头，孤独的老人与狗

乡村学校大量减少

21世纪以来，我国乡村学校大量减少，与人口减少互相影响促动。乡村小学从2000年的44.03万所减少至2021年的8.15万所，同时，乡村初中还撤并了2.58万所。因父母在外打工经商、乡村学校撤并整合、城乡教育资源不均衡等原因，许多乡村适龄孩子没有在本村就读，而是进城上学。山西省临县庙坪村小学学生近几年流失严重，几年前尚有200多人就读，到2020年只剩下34名学生，占村里6至12周岁适龄儿童总数的20%不到。村小学仅有一、二年级，6名民办教师的待遇不高，平均每人每年工资3万多元。据村干部和老师预计，今后学生还会进一步流失。

"春潮带雨晚来急，野渡无人舟自横。"乡村小学日渐凋敝，乡镇小学也同病相怜，学生数量连年下降。山西省孝义市阳泉曲镇上的阳泉曲小学是一所农村寄宿制小学，2014年学生最多时有550名，2020年在校学生只有240人，减少56%；2014年时寄宿学生120人，现在寄宿学生只有12人，降幅达90%；2020年毕业学生数为70人，招生数仅为12人。这几年，该校学生数量每年减少

荒芜的乡村学校

约 60 人。照此速度推算，4 年后学校将面临无学生可教的困境。阳泉曲小学现有教师 32 名，年龄基本在 50 岁以上，最年轻的一名教师 43 岁，兼职后勤工作。教师队伍年龄偏大，家长担心教学质量不高，以致生源流失，并且形成恶性循环。

村庄甚至乡镇的初中、小学、幼儿园生源流失严重，许多过去依靠财政投入、集资、社会捐助建成的学校空置，教室、操场等教学场所大量废弃不用。与之形成鲜明对比的是，县城的教育资源严重供不应求。临县白文镇的干部反映，县城里规模为一两百人的幼儿园，往往有 800 多人报名。各地市城区质量好一些的小学、幼儿园入学入园名额有限，竞争极为激烈。

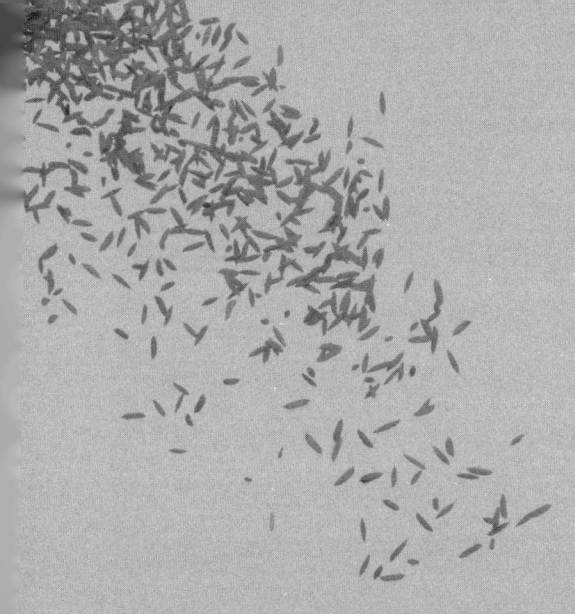

乡村形态变局
空心化

乡村振兴不可能是村村振兴,乡村建设并不能是对全部乡村的全面建设,不应"撒胡椒面",不能过分追求小而全。在人口外流趋势明显的乡村,应科学布局教育、医疗、文化、金融等服务网点,避免其建成之日即是闲置之时,造成土地、资金和人力资源的浪费。

聚落式乡村

乡村的诞生是农业文明开始的一个特征、表现,古人为了合作生存、生产、生活的需要,聚集起来,合作狩猎、种植、繁衍生息,便产生了集农业生产、人们生活为一体的聚落式乡村。

在面临百年未有之大变局的时代,乡村处于大变局中,也在发生大的改变。乡村大变局的未来是衰落还是现代化?一些偏远乡村人口外流、凋敝衰落、部分消失不可避免,但整体上,乡村现代化是发展方向。

与西方发达国家单门独户的乡村形态不同,我国乡村形态是聚合式的村落,乡村是农户的聚合体。这可能与西方国家的农业脱胎自游牧业有关,也与他们土地资源丰富有关,还与其城镇化率高有关。这种不同的乡村形态实际上也决定着乡村的治理模式。我所见过的美国、英国、法国、比利时等西方国家乡村的居住形态大都是单门独户式的,一户人家相对独立、自成一体。农户居住的房屋、饲养牲畜的棚舍、耕种的土地都在一处。也有城里人在乡下购房居住的,同样也相对独立。2018年,我们在英国牛津郡的乡村意欲调查农户,但每家每户都隔着好几里地。我们连续找寻的四五户人家,居然都不是农户,而是到乡下购买了房子居住的城里人。我国以及周边的日本、韩国等亚洲国家的乡村形态是聚合式的、村落式的。在我国的乡村,无论南方还是北方,村民聚居在一起,小村几户,大村上千户,单门独户不会成为一个村。但城镇化进程中,乡村人口进城后,却可能留下单户的村。老家农村形容一个人特别是小孩内向、不爱与人打交道、不愿与人分享时,常戏腻地用一个词"一家庄的",形象地表现这个人"独",孤独地自成一家,不与人来往。而村落中,房屋相邻,形成一个房屋群落,村民们共用一个水源,共享学校、卫生室、祠堂等公共设施。村落的周围是乡村的土地,村民们房相邻、地相连、人相熟,真正是抬头不见低头见。

"燕子飞时,绿水人家绕。"人类自古以来都要逐水而居，人的聚居、乡村乃至城市的产生就源于此。乡村，必然要有水，有水人才能生活、生产，因此水井是必不可少的。过去，山区普遍存在喝水难问题。大概在1981年，我5岁的时候，我们村新挖了一口水井，就在紧挨我家的老窑洞坡下。为了防风避雨，井上砌了口黄土高坡上常见的砖窑洞。庆祝水井窑建成那天，村里好多人聚在水井旁边凑热闹，大家看着村里一位有点文化的人在窑洞两侧题写了副对联："山重水复疑无路，柳暗花明又一村。"这些字我都不太认得，问了母亲才知道大概意思，不过似懂非懂。然而四十年过去了，这句描写乡村风景与意境的对联却深深刻在我的脑海里。这副对联取自南宋诗人陆游《游山西村》："莫笑农家腊酒浑，丰年留客足鸡豚。山重水复疑无路，柳暗花明又一村。箫鼓追随春社近，衣冠简朴古风存。从今若许闲乘月，拄杖无时夜叩门。"乍看诗名以为是写山西乡村的，但实际是陆游罢官归乡时写其故乡山阴（今浙江绍兴市）的，当时羸弱的南宋已失去山西的河山。

　　现在我都很佩服那位乡村文化人能选取这么有意境和哲理的诗句做水井窑的对联。我们村地处吕梁山东麓，群山环绕，一条河沟穿村而过，河边柳树成荫，山上山花烂

乡村，水井，对联

漫。在沟壑纵横、严重缺水的黄土高坡，打出一口水井多么不容易，得通过试错打洞找水脉，在没有打井动力设施的当年，一伙村民全靠人工，镢头刨、铁锹铲，费好大气力往下挖约20米才能够见水。山重水复后柳暗花明的描写，恰如其分地体现了黄土高坡上打出水井来之不易。电影《老井》就形象地刻画了黄土高原缺水之困与打井之难。

挑水是过去乡村的日常劳动。那时候，村里男人们早起的第一项劳动一般就是去挑水，顺便三三两两地聊天侃大山。我到上高中后，周末和放假回家也会去挑水。铁桶挂在挂钩上卡住，辘轳一圈一圈把水桶下放到十几米的水井中，手拽着绳子晃几下，水桶就吃上水了，然后一圈一圈转上来。对一个文弱青年，这还是比较费劲的。但最费劲的是挑着水桶走，沉甸甸的扁担压在肩上，上身斜着抻住挂水桶的铁链，水桶一摇一晃，上下坡时腿脚踉踉跄跄，水不时地溢出来一些。水井到我家房子有两三百米，一趟下来累得人气喘吁吁，几趟下来肩膀就磨出泡了。我们村的水井条件还算是好的，我外婆家村里的饮水条件就差多了，村子在半山腰，水井在河沟里，水量还小，表哥他们从沟里水井中一瓢一瓢舀上含着泥沙的浑浊的水，舀满后挑着水沿着崎岖狭窄的羊肠小道蜿蜒而上，挑一趟水得花两个小时，一趟下来大汗淋漓，费工夫费气力。

如今，城市以及条件好的乡村都用上了自来水，水龙头一开，水就哗哗流下来了，饮用水条件大大改进。根据水利部数据，2022年，全国农村自来水普及率达87%，农村规模化供水工程覆盖农村人口比例达到56%。当前，饮水安全不仅指有水喝，还指水质安全。保障乡村饮水安全是各级政府的一项民生工程，会体现在年度政府工作报告与五年规划中。

住有所居从来都是人的基本需求、幸福基础。"从明天起，关心粮食和蔬菜。我有一所房子，面朝大海，春暖花开。"在乡村，普遍而言，农民一辈子最大最费劲的事、最大的投资就是盖房子。有钱的盖大房子，没钱的盖小房子。在外务工或做生意的挣钱了，回村定是要盖个体面的新房子。如今的农民进城买房子很难，过去的农民在乡村盖房子也很难，由于缺钱，好多人家不是一下就能盖得起来房子的。我的父母亲盖房子的坎坷辛酸，我曾在我已出版的课题报告《完善与改革农村宅基地制度》（2011年）后记《农村老家的建房故事》中写过。在此我还是想简述一下父母20年艰辛的建房历程，作为乡村建房的一个缩影。老宅，承载了父母还有哥哥太多的辛苦和汗水。1982年，自家雇工做砖坯烧砖，6万砖坯被大雨淋坏一半。1983年，挖了6间房子的地基，打了100方青石进去。1984年，先盖了4间毛坯砖窑洞。1986年，后盖好剩下的2间窑洞。1995年，窑洞两侧盖了2间小侧房，砌了院台与围墙。2000年，用砖铺了院子，加高了围墙，装了铁大门。2003年，用白灰贴裹窑洞，窑顶上铺砖防雨。可谓是："八月秋高风怒号，卷我屋上三重茅。""床头屋漏无干处，雨脚如麻未断绝。"令人感慨："安得广厦千万间，大庇天下寒士俱欢颜！风雨不动安如山。"

乡村住房是农民大事，也是国家大事之一，特别是贫困户的住房问题一直受到党中央和国务院的高度重视。为了农民住有所居，我国实行农村宅基地免费福利分配制度，每家农户都有资格免费获得、免费无限期使用一处一定面积的宅基地，孩子成年成家分户后可再申请获得宅基地。就此而言，放眼全球各国，没有比这更具福利性的乡村居住用地制度了。2010年、2011年我曾分别在课题报告及《完善与改革农村宅基地制度研究》一书中总结我国农村宅基地制度为"集体所有，农民使用，一宅两制，一户一宅，福利分配，免费使用，无偿回收，限制流转，不得抵押，严禁开发"，并对应地提出完善与改革思路"巩固集体宅基地所有权，充实农民宅基地用益物权，赋予农民完整的房屋财产权与宅基地使用权，一户一宅，福利分配，建立宅基地差别化有偿使用制度，建立宅基地有偿退出与回收制度，有条件放开宅基地使用权流转、建立农宅流转市场，开展农房与宅基地使用权抵押试点，允许集体建设用地入市开发、规范宅基地整理置换"。党的十八大以来，农村土地制度改革取得积极进展，有的政策已经实行，有的政策正在试点，比如对超标准占用宅基地和一户多宅等情况，探索实行有偿使用；进城落户农民在本集体经济组织内部自愿有偿退出或转让宅基地；宅基地使用权抵押；集体经营性建设用地入市等。但有些思路还有待实践发展和条件成熟，有待时间检验。

人去村空——消失的村庄

乡村人口大量持续外流导致空心村普遍化，"空山不见人"，随着时间推移，部分村庄衰败、消失。波澜壮阔的乡村人口向城市大迁移必然带来大量村庄的消失。每个村庄都是无数代人繁衍生息的地方，每个村庄都是多少人乡愁的载体。与城市相比，乡村是更踏实温暖的存在，乡村的天地比城市的广阔、太阳比城市的亮、月亮比城市的圆、人情味比城市的浓、吃食比城市的新鲜、养狗比城市方便、活动比城市自然……消失的村庄是我们回不去的故乡，乡愁是我们深埋心底的乡情。"不忍登高临远，望故乡渺邈，归思难收。"

乡村振兴不可能是村村振兴，所有村都能振兴。一定比例、数十万村庄的消失是不可回避的一个趋势，这是个大事，需要客观认识、提前预判与谋划。新世纪以来，这个趋势已经开始，并将持续一二十年。2021年，我国有村庄（自然村）236.1万个，比2000年减少117.5万个，平均每个自然村常住人口仅211人；行政村从2004年的64.4万个减少至2021年的49万个，减少15.4万个，平均每个行政村常住人口仅1 018人。我国江苏、山东、四川、山西等地已经根据乡村人口流失、村庄消失的现实及趋势，调整乡村布局、土地利用、基层行政管理体系、公共服务管理体系、乡村基础设施建设等。未来，乡村振兴战略的谋篇布局中，消失的村庄及其带来的重大变化是政策决策需要考虑的重要变量。部分乡村空心化趋势明显，不少村庄乃至乡镇甚至会消失，这些地区应立足于现有设

寂寥、空旷、破败的村庄

施与服务资源,在保障基本服务功能完备的前提下,应当以盘活利用存量资源为主,不宜再进行大规模的硬件设施投入,避免因大拆大建、盲目建设而造成浪费。

乡村户籍人口与常住人口相背离需要深化改革

由于在农村享有承包地、宅基地、集体经济股份等实实在在的权利,大多数农民即便进城也并不愿意放弃农村户口、放弃集体经济成员权利。农村常住人口大幅减少,但农村户籍人口并不会随之相应减少,今后农村户籍人口与常住人口相背离的趋势将愈发明显。到2035年,预计农村户籍人口将比农村常住人口多4亿多。这4亿多农村户籍人口是农村迁移进城的城市常住人口,他们根在农村、身在城市,人户分离、人地分离、农村集体经济成员权与居住权分离,呼唤着进一步统筹深化改革城乡户籍制度、农村土地制度、农村集体产权制度。

面对这一状况,首先,应打破农村户籍与集体经济成员权利紧密挂钩的制度,将农民的经济权利与社会权利、居住权利分离。农民进城后,可以落户不断根,依然保留其在农村的集体经济成员权利,而在城市享受社会权利与居住权利,以权利分离实现进城农民人户一致。其次,应积极探索、有序推进进城农民自愿有偿退出农村集体经济成员权利的有效途径。对于那些常年居住在城市、有稳定收入来源与住所、不愿再回到农村的进城农民,应该允许他们自愿有偿退出集体经济成员权利,探索设计进城农民退出农村土地承包经营权、宅基地使用权与资格权、农村集体经济股份权利与收益分配权利等集体经济成员权利的制度,建立市场化交易平台与机制,理顺进城农民的人、地、权关系。

城市周边乡村"实心化"

一些城市近郊、产业发达的村庄,吸纳外来人口较多,成为"实心村",生活空间面临较大压力。我和同事李青、宁夏博士调研到的孝义市原城郊村留义村已成为城区留义社区,本地户籍人口仅为 278 户 830 人,常住人口 4 458 户 15 635 人,外来人口数量是本地村民的 18 倍。孝义市梧桐新区已属于城市建成区,但其小学是根据本镇户籍人口数量配套设计的,当时设计容纳学生 2 000 人,实际接纳学生 3 300 人,超出设计容量 65%。这些城市新社区是在原先乡村生活空间的基础上转变而来，治理体系、基础设施与公共服务不仅要适应传统的乡村生活方式和本村村民需求，更需要对接融入城市、吸纳外来人口流入，其生活空间容量、治理能力和公共服务能力尚难满足新增常住人口需求。今后大多城乡融合型乡村将会面临这样的压力。

乡村生活空间将由远及近向城市及其周边乡村聚集，应以城市周边乡村为重点推进城乡融合型乡村建设。未来，乡村生活空间受城市的虹吸效应与辐射效应会愈发明显。距离城市较远的乡村，受城市的虹吸效应影响，其生活功能将继续弱化。离城市较近的乡村，受城市的辐射，其综合生活功能得到增强。城市的水电路气等基础设施与教育、医疗等公共服务较为发达，并能够以较低成本较为便捷地延伸辐射到周边乡村，增强其生活功能。特别是城市的教育资源对于乡村孩子及其父母具有强烈吸引力，成为他们决定生活空间的重要因素。城市周边乡村既有田园风光，又能享受城市的现代生活，其生活空间的舒适性、便利性增加。

乡村的居住生活价值有待进一步挖掘。在欧美一些发达国家有"逆城市化"现象，不少并不是农民出身的人喜欢住在乡村。英法等国的乡村中，所居住者反而大比例不是农民。我和同事曾调研了英国牛津郡乡村的一户人家，女主人是伦敦某大学的教授，其家人也都在城市工作，但她家在乡村购置了一幢有300年历史的老房子，房子带院子占地面积30多亩。该处房子受政府规划保护，房主未经批准不得对房子进行改建（甚至包括改变外墙颜色）。女教授告诉我们，住在乡村能享受到更好的生活环境，上下班通勤的时间和辛苦不算什么。这就体现了乡村的魅力和吸引力。发展到一定程度后，中国未来的农村也会更多地承载吸纳非农业人口功能，也肯定会吸引更多的城里人来居住生活。毕竟，"绿树村边合，青山郭外斜。开轩面场圃，把酒话桑麻"的场景还是令很多人神往的。当前，中国的一些大城市和城市群周边的乡村其实已经开始体现这一价值，出现了"逆城市化"现象，但还不明显，乡村的居住生活价值还没有被充分挖掘。这一方面是受到经济社会发展水平、就业方式、收入条件、交通设施的限制，另一方面也受农村土地与房屋租售制度、人口居住制度的影响。基于未来人口流动大趋势，有关的制度改革需要顺势而为。

乡村正在演变分化，应根据乡村生活空间变化趋势超前规划乡村建设，对城市周边乡村宜强则强，对较远乡村宜弱则弱。应充分考虑乡村人口变化趋势、乡村生活功能变化趋势、距离城市远近、乡村基本生活条件等，因地制宜，长远谋划乡村国土空间规划和实用性村庄规划。乡村长远规划与建设不必整齐划一，对看不准的乡村，应当不急于求成，不急于规划建设，不搞齐步走，而要放眼"到2035年基本实现农业现代化，到本世纪中叶建成农业强国"[①]的目标来规划建设乡村的生活空间，增强乡村规划的前瞻性与实用性。

生活空间是城乡融合的着力点。未来乡村生活空间规划与布局应与城市紧密联动，乡村建设应与城乡融合紧密结合。城市周边乡村是当地村民生活居住之地，还可以为市民、较远乡村的农民提供生活空间，是城乡生活空间深度融合的"主战场"。应以城市基础设施与公共服务向周边乡村延伸为主要抓手，以城带乡，着力于城乡融合型乡村的建设，进一步拓展乡村生活空间、增强其功能。离城较远的乡村，生活空间整体上将逐步缩小，应整合利用乡村生活用地资源、房屋资产、公共基础设施等，因势利

---

① 习近平：《加快建设农业强国，推进农业农村现代化》，《求是》2023年第6期。

导、循序渐进地对此类乡村的生活空间进行合并、集中、收缩。当前,应保障这些乡村基本的生活功能,但从长远及资金使用效率上看,不宜进行"一刀切"式的生活设施建设与投入,避免今后形成大规模的资产闲置与资源浪费。

针对乡村"空心化"、村庄人口规模过小等情况,一些地区开展了村庄合并、乡镇撤并等行动。我和同事赵俊超、殷浩栋博士调研的四川省乡镇行政区划和村级建制调整改革(简称"两项改革"),优化了乡镇和行政村区划,整合人口规模小的村镇,优化公共服务资源布局,提升了资源配置效率。

"新村民"群体出现

随着城乡日益融合与乡村振兴逐步推进,在农村人口快速城镇化的同时,城市人员下乡、农民跨村流动的现象也越来越普遍,产生了较为独特的"新村民"群体。目前这个群体数量尚无权威、专门的公开数据,但在一些经济较为发达的农村地区或涉农社区已渐成常态。根据《中国县域统计年鉴》中有相应数据的 34 018 个乡镇,以 2018

年常住人口减2019年户籍人口估算，上海、北京、广东、浙江、天津、江苏、西藏等7个省份的乡镇（村）存在人口净流入情况，共计1 366.3万人。另以南京市雨花台区为例，2021年5个涉农街道共有户籍人口接近20万，而外来人口则接近13万人，且还有逐年上升的趋势。这些人口中的大部分可以被视为"新村民"，而实际上"新村民"的规模要远远大于以上推算的数量。调研发现，"新村民"群体主要分布在经济发展水平较高地区的城中村、城郊村和经济发达村，大部分是来自其他不发达地区农村的务工人员及其家人。

在传统农村社区，农村集体成员与社区成员往往具有较高的重合度，成员的权利义务相对一致。而随着城乡人口迁移加速流动，两类成员的重合度越来越低，特别是在"新村民"聚集的农村，（原）村民与"新村民"的身份与权利各异、权益交织，给新型农村社区治理带来困境。目前存在问题的突出表现是：（原）村民的集体经济权益受损，同时，"新村民"的社会权益也得不到保障。

一是农村集体经济收益补贴"新村民"，（原）村民的集体经济利益受损。一些农村社区内居住着大量"新村民"，导致这些农村面临着与集体成员数量不匹配的社区管理成本和公共服务支出。调查发现，集体经济收入越高的农村，承担公益性支出的比例越大或金额越多。由于农村集体资产资源归集体经济组织成员也即（原）村民集体所有，超过集体边界的公益性支出侵害了集体成员整体利益。例如，江苏省江阴市高新区许多村存在"小集体大社区"的问题，集体收益"贴补"公共服务的现象十分普遍，归属三五千人的集体资产，要为上万人的社区提供部分基础设施和公共服务。二是"新村民"难以融入农村社区，其社会权益难以得到保障。从目前看，各级层面还缺乏对"新村民"社会权益保障的相关制度安排。在一些经济较为发达的农村社区，由于"村籍"（户口）与集体成员资格的一体性捆绑，"村籍"制度更是演化为一种和选举与被选举、福利分配、居住、就业、教育、医疗等社区治理与公共服务相关联的制度综合体。

城镇化进程中，农业转移人口市民化即"新市民"的政策体系已比较完备，但在城乡融合与乡村振兴的战略目标下，针对"新村民"的政策体系还有待构建，特别是保障"新村民"社会权益的相关政策需要优先出台。如以下几项政策。

第一，明确"新村民"的身份与权益。明确"新村民"的身份与权益是保障其正当权益的基础。需要明确的是,"新村民"不是迁移居住地的当地农村集体经济组织成员,不应当具有迁移居住地农村集体经济成员所享有的各项经济权益;但"新村民"是迁移居住地农村的社区居民,应当享有当地居民所享有的社会权益。

第二,建立健全城乡居住证制度。城乡居住证制度改革应与农村集体产权制度改革、户籍制度改革、农村宅基地制度改革联动,不仅在城镇,而且在农村也需要建立健全居住证制度,逐步扩大公共服务覆盖范围,健全全民覆盖、普惠共享、城乡一体的基本公共服务体系。让农村社会权利、居住权利、公共服务权利与居住证挂钩而与"村籍"(户口)相分离,为居住证持有人在农村工作、居住、生活等提供便利条件,保障"新村民"享受基本的公共服务、拥有平等的社会权益。

第三,探索明晰村民自治组织与村集体经济组织的职能关系,实行村民委员会事务和集体经济事务分离,理顺村(居)委会和集体经济组织的账务资产关系,分开设置财务账户,实行独立核算、账务分离。村(居)委会设公共事务收付账,对公共事务管理活动中发生的资产、负债及所有者权益进行核算。集体经济组织单独设立经营账,对经营活动中发生的资产、负债及所有者权益进行核算，强化集体经济组织的资产管理权能，提高集体经济组织的独立性和自主权。

第四，优化基本公共服务供给机制，为"新村民"配套财政保障。应以县为单位，加快建立城乡公共资源均衡配置机制，强化农村基本公共服务供给县乡村统筹，提高农村社区基本公共服务的供给能力。

梧高凤必至，花开蝶自来

日渐衰败不应是乡村的必然走向，人去村空不应是乡村的未来状态。"茅檐长扫净无苔，花木成畦手自栽。一水护田将绿绕，两山排闼送青来。"乡村的优势在于天地广阔，风光宜人，接近大自然，接近地气。但在现代化大背景下，乡村的不足也很明显，乡村现代化的步伐迟滞，主要表现在交通基础设施相对落后，教育、医疗等公共服务水平较低，乡村卫生环境较差，房屋居住条件不便，乡村缺少产业支撑等。

根深梧高凤必至，风吹花开蝶自来。美好乡村值得期待，乡村需要涅槃重生、更新再造、提升自我，保留自然的田园风光，建设更好的生产生活设施，布局适宜的乡村产业，增强乡村的内在魅力，充实乡村的多元价值，依靠乡村独特价值留住人、吸引人。内蒙古草原牧区天似穹庐、笼盖四野下的辽阔壮美，浙江莫干山乡村天似穹庐、笼盖田野上的湛蓝星空，这些美景，乡村独有。党的十九大报告提出实施乡村振兴战略，提出农业农村现代化的总目标，以及产业兴旺、生态宜居、乡风文明、治理有效、生活富裕的总要求。针对乡村存在的不足和短板，国家开始大力度全面促进乡村产业振兴、人才振兴、文化振兴、生态振兴、组织振兴。比如，针对乡村人居卫生环境较差的问题，实施农村人居环境整治三年行动，大力开展农村"厕所革命"。针对乡村产业不足问题，许多贫困地区在脱贫攻坚战中在贫困乡村建立扶贫车间、扶贫微工厂，吸引一些劳动密集型加工厂入驻乡村，为企业找到发展的土地和所需的劳动力，为乡村劳动力就近找到工作。在政府引导下，许多涉农、非涉农企业和人才也纷纷下乡寻找商机、对接商机。广西北流就有从杭州返乡的年轻人经营农产品电商，通过直播等方式销售百香果等特色水果，加工百香果果汁，带动了特色农业发展和农民就业，甚至进口越南百香果再销售。当地百姓富裕了，产业发展好了，当

直播让农产品走得更远

地乡村面貌随之提升，变得生机勃勃。针对乡村基础设施和公共服务存在的短板，各级政府、有关部门和行业积极改善道路、供水、供电、信息等基础设施，以及乡村医疗、教育、文化等公共服务设施。敢问乡村振兴路在何方？路在脚下！

县城是乡村振兴和建设的龙头

　　乡村人口走向是决定乡村建设方向的首要因素，应主动顺应乡村常住人口数量及结构的变化趋势，预先对乡村建设行动中"县城—乡镇—村庄"三级体系进行谋篇布局。县城是城乡融合的载体和乡村振兴的龙头，应不断强化县城综合服务能力和经济带动能力。县城既是一县之城，实质上还是县域中乡村之首。我国绝大多数乡村都处于以县城为中心的县域范围内，乡村的行政、经济、社会服务、基础设施等都受县城的影响与辐射。县城是大多数农民离开乡村外出务工经商的最为方便、可行的首选之地，是农民举家离乡进城生活居住的首选之地，是农民工返乡就业创业的首选之地，是"乡村包围城市"的县域内经济发展、基础设施和公共服务最强之地。因此，从很大程度上讲，县城是城乡融合的主要载体、以城带乡的主力、城乡互补的中心，同时，县城还是乡村振兴的龙头、乡村建设的重点。只有县城的综合服务能力、经济带动能力增强了，乡村振兴的"火车头"才能启动，乡村人口进城的就业、子女教育、社会保障等问题也会迎刃而解。而如果认为乡村振兴、乡村建设与县城关系不大，甚至割裂开来、分而治之，那将肯定会贻误战机、顾此失彼、事倍功半。

应不断强化县城综合服务能力，使进城农民享受更加均衡、优质的子女教育、医疗、养老、住房保障等基本公共服务。全面放开县城的公办中小学校、幼儿园对进城农民子女就学的限制。加大财政补贴与个人缴费力度，提高城乡居民医疗保险覆盖面和保障水平。顺应广大农民到县城生活居住的愿望，建设适应进城农民刚性需求的住房，完善县城道路交通网络、垃圾污水处理等配套公共设施。

充分发挥乡镇连接城乡的优势，有区别地把有条件的乡镇建设成为服务农民的区域中心。乡镇是乡村当地的行政中心与服务中心，是城乡的交汇点与连接点。然而，许多欠发达地区的乡镇在人口大量外流的情形下，其功能与地位不可避免地下降了。随着城乡进一步融合，以及交通、通信、物流等越来越便捷，县城的"虹吸效应"会愈发明显，乡村人口更多地会跨过乡镇而直接进入县城生活工作，不少乡镇的中心地位将不复存在，更多乡镇的学校、市场、住房等空置现象会增多。因此，应该有区别地建设乡镇，不可能、也没有必要无区别地把所有的乡镇都建成服务农民的区域中心。对于人口大量流失已不可逆转的乡镇，应以稳定维持为导向，审慎给予乡村建设投入，避免形成不必要的浪费。对于有产业集聚与人口集聚功能、有长远发展潜力、各方面条件较好的乡镇，应在乡村建设行动中重点支持，将其建成服务农民的区域中心。

有条件的乡镇应当抓住实施乡村建设行动这一历史机遇，充分发挥乡镇连接城乡的优势，优化乡镇公共服务资源配置，统筹规划建设中心乡镇、重点乡镇和特色小城镇的基础设施，完善乡镇基本公共服务投入体制机制，创新乡镇公共服务供给方式，不断提高乡镇的基础设施水平与公共服务能力，着重把有条件的乡镇建成服务农民、辐射乡村的区域中心。乡镇在产业上应找准定位，重点发展农产品初加工、农业社会化服务等产业，以及餐饮休闲、养老托幼、物流配送等生活性服务业，发挥其对周边乡村的带动作用与辐射功能。

优化乡村基础设施和公共服务布局，促进设施集约利用。实施乡村建设行动中应对乡村人口大量外流予以充分预判、重点考量。乡村建设并不能是对全部乡村的全面建设，不应"撒胡椒面"，不能过分追求小而全。在人口外流趋势明显的乡村，应科学布局教育、医疗、文化、金融等服务网点，避免其建成之日即是闲置之时，造成土地、资金和人力资源的浪费。在满足群众必需、尊重群众意愿的前提下，适当对利用不充分的行政办公场所、校舍、医疗服务点、文化活动站等公共服务设施进行优化整合，共建共享基础设施，集约利用公共服务。应以健全乡村道路和物流网络、提升乡村信息化数字化水平等为重点，提升乡村公共服务的可得性与便利度。针对今后日益凸显的乡村人口老龄化问题，应积极探索集中养老、互助合作养老、社会捐助养老等方式，加强对生活困难、独居、高龄老人的救助和重点照料，推动新型农村合作医疗下沉农村、贴近老人提供服务。

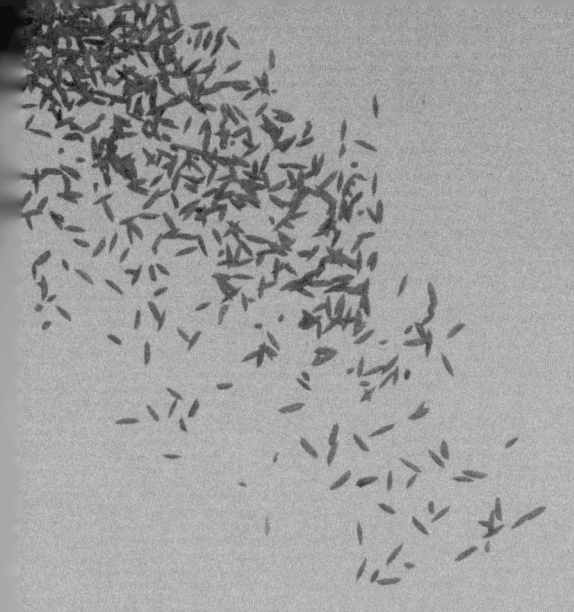

乡村产业变局
专业化

　　对于那些生活居住功能退化的乡村，应当顺势增强其生产功能，将传统的生活、生产融为一体的乡村转变为以生产为主的乡村，即纯农业类乡村。未来，大部分人口"空心化"的乡村将演变成为纯农业乡村，也可称之为专业化农庄。

在乡村人口流失的大趋势下，需要更大程度发挥乡村的生产生活生态价值，留住人、吸引人。"昼出耘田夜绩麻，村庄儿女各当家。童孙未解供耕织，也傍桑阴学种瓜。"十年、二十年后，什么样的村庄儿女、童孙还会在乡村工作、生活、耘田种瓜？什么人不得不留在乡村？乡村需要什么人留下？乡村会吸引什么人进来？这些乡村面临的问题，是乡村事务工作者、决策者需要考虑的。

乡村的多元价值

乡村的农业生产价值无可替代，农民（从事农业的农民而非户籍概念上的农民），包括涉农产业的农人，肯定是要留在乡村的，他们是乡村的主要居住人口。乡村离不开农民，真正的农民离不开农业与乡村。在农业机械化、规模化程度高的美国、英国、法国、比利时等国，农民既在乡村中从事农业，也在乡村中居住生活。中国农业人口基数大，统计上依然有2亿多从事农业的农民。欧美等发达国家的农民数量占人口总数的2%左右，按照这一比例大概推算，若中国农业生产方式与效率大幅提高，则有3 000万农民就够了，算上家庭人口在内，乡村会有约1亿农民及其家人在此生产并居住生活。但这需要农业机械化、规模化的大大提升，以及工业、服务业、城市对农业剩余劳动力及乡村人口的吸纳能力增强。受资源禀赋及人口规模的限制，中国乡村中从事农业的农民会逐渐减少，但一定时期内不会减少到仅有3 000万人。不过，在可期的未来，随着农村土地制度、经营体制的完善，农业规模化经营水平会逐渐提升，中国未来真正从事农业的农民有望逐步降低至5 000万~1亿人，乡村中农民及其家人会有大约1.5亿~3亿人，比目前少一半多。这些人是乡村生产生活的主体。

乡村的二三产业容纳价值远未发挥。乡村人口流失与产业凋敝密切相关。20世纪八九十年代乡镇企业蓬勃兴起的时候，农民"离土不离乡"就可以在乡村就地就业，当时乡村人口流失问题并不严重。但"村村点火，户户冒烟"也不符合产业发展、集聚的规律。后来随着二三产业向工业园区等各类产业园区聚集，乡村二三产业逐渐减少、凋敝，乡村劳动力向产业园区迁移、向城市迁移。除了农业与涉农产业，乡村的广阔天地还能容纳哪些非农产业？产业园区的布局能否向乡村延伸？乡村集体土地上发展二三产业的政策可否一视同仁？苏州乡村的集体土地利用得有价值、集体经济发展得好，许多乡村都建有标准厂房招商引资，形成具有乡村特色的产业园区，带动乡村基础设施和居住生活条件改善，乡村经济社会良性发展，城乡二元差距较小，甚至不少乡村的居住生活条件比城市都舒适便利。许多乡村、乡镇的人口不仅没有流失，还吸纳了大量外来人口就业生活。我国长三角、珠三角地区城乡融合发展水平较高，乡村对二三产业的容纳价值得到体现，留住了人、吸引了人。

部分"空心村"将演变为专业农庄

近些年来，由于人口持续外流，很多村庄成为"空心村"，乡村生活功能弱化，空间不断缩小，并且向城市及其周边乡镇、村庄聚集。这一特征在山西省吕梁山区表现得尤为明显。吕梁市临县户籍人口68万,第七次人口普查("七普")公布常住人口39万,但实际常住人口比这更少,乡村人口大量流向县城、吕梁市区、太原省城。当前,我国不少乡村面临的一个问题是乡村产业"空心化",乡村生产空间"空心化"问题与人口"空心化"、村庄"空心化"问题相伴而生,产业振兴的内生动力不足。多数乡村还是以传统粗放的种植业、林果业为主,鲜有农产品加工等二三产业。据《中国县域统计年鉴(乡镇卷)》数据,2014到2019年,全国乡镇工业企业数量减少20%;2014到2018年,乡镇工业企业从业人员数量减少56.8%。可见,乡村产业"空心化"问题普遍。

未来,随着乡村人口和农业劳动力的日益减少以及农业生产方式的转变,乡村的生产空间将得到增强并呈现专业化、规模化趋势。对于那些生活居住功能退化的乡村,应当顺势增强其生产功能,将传统的生活、生产融为一体的乡村转变为以生产为主的乡村,即纯农业类乡村。未来,大部分人口"空心化"的乡村将演变成为纯农业乡村,也可称之为专业化农庄。这是乡村生产空间的远景。纯农业类乡村的生活居住功能是服务于生产功能的,农民在此居住目的是生产,其家庭特别是子女的主要生活空间并不在此。这有点类似于欧美一些国家的农庄或大农场。

乡村"空""实"转变

在这些乡村,可以实现由"空"向"实"的转变,生活空了,而生产实起来。应重点优化种植业、养殖业等农业以及农产品加工业的生产空间布局,通过规划布局、政策引导、资金支持,推进乡村生产的专业化与规模化。应积极应对乡村人口"空心化"、产业"空心化"问题,尽快转变农业生产方式,解决"无人种地""老人农业"甚至土地撂荒问题,发展专业化、规模化农业,增强乡村的农业产业功能。应不断优化乡村生产空间,实行大范围、大面积的乡村全域土地综合整治工程,在建设高标准农田的同时,全面提升乡村农用地的生产条件与规模化程度。进一步改革农村土地制度与农业经营体制,多数乡村不能再固守小农经济模式,而应增强土地经营权流转的稳定性与长久性,积极探索实行长期离乡进城农户土地承包权的转让与退出,持续支持农业专业经营、合作经营、统一

专业化农庄

经营、土地托管、农业社会化服务等多种经营方式，促进兼业经营、小规模经营向专业化、规模化经营转变，走农业专业化、规模化道路。将养殖业布局在环境承载力大、防疫条件好、远离人口居住区的山区丘陵等乡村地区。

要强化县城经济带动能力和产业发展能力，发挥县城对乡村产业振兴与农民进城就业的引领作用，将县城打造成乡村产业振兴的排头兵。依据县域内农业农村特色规划乡村产业发展路径，促进各类要素在城乡间充分流动，畅通县域经济循环，以县城产业发展为引擎，助推乡村产业兴旺，延伸农产品加工链价值链，推动一二三产业融合发展，带动乡村小微企业发展壮大，充分吸纳农村劳动力就业，更好地实现以工补农、以城带乡、工农互促。

农产品加工业应主要布局于集中式、标准化的产业园区。应以县为单位，结合当地农业资源与优势，规划建设基础设施齐全、生产功能完备的农产品加工业园区。应从空间上、政策上统筹利用大量闲置集体建设用地为农产品加工园区落地提供有利条件。农产品加工业园区可建成为标准化产业发展平台，参考工业标准化厂房，建设农产品加工业标准化厂房，开展土地、税务、人力资源等标准化、专业化服务，为农产品加工业发展提供优良的营商环境。对于那些进不去园区的家庭作坊、小型初级农产品加工厂，应在政策上支持其利用宅基地、农村集体建设用地开展生产、创业致富。

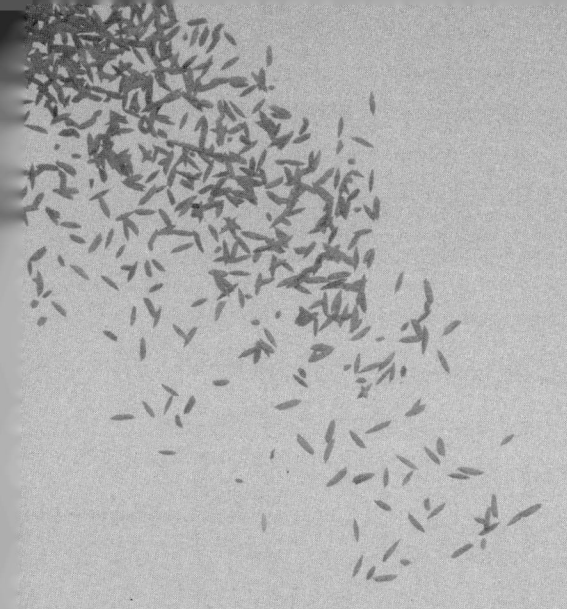

人地关系变局拐点已至

我国人地关系拐点正在来临、人地关系逐步均衡,"过密化"或"内卷"坚冰正在被打破,这将为我国农业现代化带来重大机遇,直接关系到农业现代化转型的成功与否。

尽管总体上我国人多地少,但农业生产中已开始呈现人地关系拐点,人地关系结构性均衡初步出现,政策上应适应人地关系紧张向人地关系均衡的转变,稳步促进农业现代化发展。

我国人地关系拐点来临,人多地少的历史困境正在转变

在农业生产力基本要素中,人地关系是劳动者与生产资料的配比关系、人力与地力的配置关系,是决定农业生产关系的主要因素,是人类农业生产活动必须考虑的根本关系。在数千年的农业发展中,人口与土地、农民与土地的配置关系经历了重大转变,也深刻影响着国家的农业制度与政策。

在土地数量相对较多、人口相对较少即"人少地多"

的隋唐之前，国家总体上鼓励农民多种地，按照农户家庭的人力、畜力配比一定数量的土地耕种，土地并没有成为制约性的生产要素。但隋唐之后，人口逐渐增长，"人多地少"矛盾越来越突出。而且随着人口的增长，上千年以来人均占有耕地越来越少。农民难以获得能充分施展其劳动能力的土地，土地成为农业生产的制约要素。人地关系长时期陷入"人多地少"困境，农业生产力发展受限，农业生产关系也受制于此，农业制度与政策也不得不以此为立足点。在农业社会，国家人口以农业人口为主；进入现代社会，非农人口、城镇人口增加，农村人口、农民减少，人地关系有了多层含义，很有必要对其做深入分析，厘清人地关系认识。

总体上，我国总人口的峰值即将到来，人口总量与土地关系的拐点即将到来。根据第三次全国国土调查主要数据公报，我国耕地总面积19.18亿亩，全国人均仅占有1.37亩耕地。但2021年，我国总人口仅比上年末增加48万人，2022年末比上年减少85万人。我国总人口达到峰值后将逐步减少，这是我国经济社会发展的一个显著转变，也是我国人地关系的一个重大转折，总体上人地关系紧张状态还会持续，但将历史性地得以缓解。

至为关键的是,我国农业生产经营中人地关系呈现出结构性拐点,人地关系结构性均衡初步出现。我国乡村人口于 1995 年达到 8.59 亿的峰值之后逐年下降,2021 年降为 4.98 亿,占总人口比重降至 35.28%。乡村就业人员于 1997 年达到 4.90 亿的峰值后,2020 年降至 2.88 亿,第一产业就业人员于 1991 年达到 3.91 亿的峰值后,2020 年降至 1.77 亿。我国农业劳动力兼业现象普遍,多数农民不仅务农,而且从事其他非农产业,农忙时务农,农闲时打工,甚至土地托管后以打工为主。许多农民名义上是农业劳动力,实际上工作时间、收入来源主要在非农业。截至 2020 年,农村居民可支配收入中,第一产业经营净收入占比仅 23.2%,而第二、第三产业经营净收入占比 12.2%,工资性收入占比为 40.7%。这些都表明,需要直接依赖土地谋取生计的乡村人口及劳动力减少,乡村土地压力减轻,农村人地关系紧张状况逐渐在缓解。2020 年,我国农户户均经营集体所有的耕地面积为 6.5 亩,从事第一产业劳动力平均经营集体所有的耕地面积为 7.5 亩。虽然户均、劳均耕地面积并不大,但土地经营权流转范围扩大,土地承包经营权转让、互换稳步推进,促进了农业经营主体经营耕地面积结构性扩张。2020 年,我国有 5.32 亿亩土地经营权流转，比上年增长4.3%，占家庭承包经营耕地面积的34%，流转入农户、家庭农场、专业合作社、企业、其他主体的比例分别为46.8%、13.4%、21.5%、10.4%、7.9%；土地承包经营权转让、互换面积分别为1 359万亩、1 879万亩。2020年，经营土地10亩以下、10～30亩、30～50亩的农户数量分别比上年下降了1.9%、1.5%、0.8%，而经营50～100亩、100～200亩、200亩以上的适度规模经营农户数分别达到291.7万户、109.4万户、50.6万户，比上年分别增长2.9%、4.3%、7.1%。适度规模经营农户数量的增长体现出人地关系结构性均衡的发展。

人地关系结构性均衡较为明显地体现在家庭农场发展上。我国家庭农场的发展趋势是从少到多、从小到大。2020年，以我国农业农村部门名录管理家庭农场中农业（种植业）家庭农场数为232万个、家庭农场经营耕地面积3亿亩来计算，家庭农场平均经营耕地面积130亩。这是非常具有标志性的一个数据，家庭农场平均经营耕地面积130亩是农户户均耕地面积的20倍，在现有农业生产条件下，家庭农场的人地关系基本达到均衡状态，人力地力配置关系适当，耕地基本匹配一个农户家庭的农业生产劳动能力，并且可维持其一家的生计。同期，我国种粮家庭农场数量达到161.7万个，种粮面积2亿亩，其中种粮面积50亩以上的占比70.9%，100亩以上的占比41.5%。这表明，尽管还存在大量的小农户，但我国结构性的人地关系拐点已经出现，具有一定规模的家庭农场已经基本达到人地均衡状态。与美欧农业发达国家普遍户均成百上千亩农场的人地关系相比，我国的人地关系均衡水平还有所不及，但这已是在我国既有生产条件与总体人地关系紧张条件下实现的均衡。这种均衡是动态的，随着农业机械、科技水平的提高以及工业化、城镇化水平的提升，真正务农劳动力的进一步减少，农业生产经营中人地关系的均衡水平还会进一步提升。

与此同时，我国人地关系的局部性拐点也已来临，局部性均衡悄然出现。在山区、欠发达地区，人口持续、大量外流，务农农民变少，在农业生产中，农民多、土地少的状况正在向人地均衡的状况转变，局部性人地关系拐点出现。在不少农村，60岁以上的老年劳动力成为农业生产的主力军，而从事农业的青壮年劳动力屈指可数。我调研到的山西省吕梁市庙坪村、碾头村、五和居社区，内蒙古和林格尔县台格斗村、台基营村、巧什营村等都存在类似

规模化、机械化的耕种场景

的情形。同样，在发达地区，比如江苏省苏州市的许多农村，劳动力大量非农化，人地关系局部性拐点也已出现。为了避免土地粗放经营甚至撂荒，不少乡村以合作经营、集体经营、专业化经营等方式进行农业生产。

此外，代耕代种、土地托管等农业社会化服务的兴起，体现出生产过程的生产服务性人地关系均衡。截至2020年底，全国各类农业社会化服务组织超过90万个，服务面积超过16亿亩次，服务带动小农户超过7 000万户。许多承包户名义上在耕种土地，但他们并不真正种地，农业生产环节全部或部分外包给农业生产社会化服务组织，农业生产社会化服务组织事实上在从事规模化种植。农业生产社会化服务体现为人地关系均衡的一种形式，是在人多地少的条件下通过农业生产性服务实现的人地关系均衡。每年收获季节，专业的农机手队伍浩浩荡荡、从南到北，一路收割小麦或水稻等，有的收割行程长达三四个月，为广大农民提供了便利化服务。

人地关系拐点来临为缓解我国农业"内卷"创造了机遇

人多地少、人地关系紧张导致的农业生产境况，在学术上被称为"过密化"或"内卷"。在农业生产上,指的就是小农经济条件下,小规模土地上劳动超密集投入,"乡村四月闲人少,才了蚕桑又插田",边际报酬递减,陷入"没有发展的增长"状态。我国人多地少的"过密化"或"内卷"状况持续了上千年,长期桎梏着我国农业的发展。当前,我国正处于传统农业向现代农业的转型期,人地关系是农业转型的重大变量。非常值得关注的是,如前所述,我国人地关系拐点正在来临、人地关系逐步均衡,"过密化"或"内卷"坚冰正在被打破,这将为我国农业现代化带来重大机遇,直接关系到农业现代化转型的成功与否。

农业现代化可以有历史的纵向维度和世界的横向维度。从历史的纵向维度看,我国农业发展进步很大,农业正在走向现代化。但从世界的横向维度比较,我国农业现代化水平并不居于前列。国内关于农业现代化的研究不少,但关于世界农业现代化水平比较的研究不多,中国科学院早前的一项研究显示,截至2008年,我国的农业现代化指数世界排名第65位,属于农业初等发达国家,低于美国等20个农业发达国家、葡萄牙等28个农业中等发达国家,高于印度等55个农业欠发达国家。在对美国、英国、法国、丹麦、比利时、日本、爱尔兰等农业发达国家的调研中，我们也可以直观地感受到我国在农业现代化上的差距，比如在农业科技、农业规模经营、农业机械化、农业生产效率与单位面积产量，以及农业竞争力等方面。

在掣肘我国农业现代化水平提升的诸多因素中，毋庸讳言，人地关系紧张导致的农业生产"过密化"或"内卷"是一项基本因素。打破农业生产"过密化"，变"内卷"为发展，这是农业现代化绕不过去的一个坎。而人地关系拐点的出现则为农业现代化创造了必要条件和重大机遇，人地关系均衡将与农业现代化相伴而行。小规模分散经营的小农是农业经营的一种形态，但人地关系均衡、匹配，才能更快、更好地发展现代农业，才能将小农真正纳入现代农业体系中。人地关系拐点的来临与人地均衡使得农业规模经营成为可能，同时为现代化的农业机械装备、科技等更加高效地应用于农业生产提供了便利，相应地有助于降低农业生产成本，提高生产效率与竞争力。

人地关系均衡，为真正务农的农民"以农业为主业，以农业为生"创造了基本条件。农民专业务农应能够赚取与从事其他行业相当的收入，农业不应当沦为农民的副业，而应该是主业。部分小农要从自给自足逐渐转向成为职业农民,以农谋生,以农致富。同时,这些职业农民才会成为提供商品化粮食及其他农产品的主力军。截至 2020 年,我国种粮面积 100 亩以上的家庭农场数量已达到 67.1 万个、200 亩以上的 26.9 万个、500 亩以上的 5 万个,全部种粮家庭农场种粮面积达 2 亿亩,平均年经营总收入 28.2 万元;年经营总收入超过 20 万元的中型、大型、超大型家庭农场数量合计 61.2 万个。预计今后家庭农场的数量、规模、经营收入将保持增长趋势。

适应人地关系均衡,完善相关政策与制度

人多地少向人地均衡的转变需要政策的引导与积极应对。应提前谋划适应人地均衡的农业生产经营体系与政策支持体系,进一步完善农村基本经营制度与农村土地制度,走出具有中国特色的农业现代化道路。

思想认识上,不必再笼统地认为我国人多地少、农民多土地少,而要深入、深刻地重新审视人地关系、农民与土地的关系,树立人地关系初步均衡的观念与政策立足点。农业现代化很大程度上建立在人地均衡的基础上,这一拐点已经到来,均衡正在形成,趋势逐渐向好;但当前人地关系的均衡还仅是结构性、局部性的，整体性、全局性的人地均衡还有待时日、有待引导。

应逐步建立与人地均衡相适应的农业生产经营体系和政策支持体系。调整优化农业投资政策、财政补贴政策、产业支持政策等，积极支持小农户成长为具有一定规模的家庭农场甚至小型农业企业，积极培养新型职业农民。大力支持农业规模化经营、社会化服务，持续引导家庭农场、合作社、农业企业、农业社会化服务组织发展壮大。大力推进现代化农业机械装备、农业科技等应用于农业生产经营中，对农业机械化、智能化、宜机化给予更大力度支持，持续动态提升人地关系均衡水平。

适应人地关系均衡趋势，进一步完善农村基本经营制度。以家庭承包经营为基础、统分结合的双层经营体制是我国农村基本经营制度，必须长期坚持。但几十年来，统分结合中分的多、统的少，分的效率高、统的效率低；人地关系均衡有利于健全统分结合的双层经营体制。土地流转、家庭规模经营、合作经营、集体经营、农业社会化服务、农业企业化生产、专业化经营等都是健全农村基本经营制度的有效形式，都应当充实提升，实现从以分为主到真正统分结合、统分融合、统分互补。

健全农村土地制度，积极充实"三权分置"的内容与形式。应给真正务农的农民以适应其生产经营能力的土地，破除土地分散化、细碎化的桎梏，不断提升人地关系均衡水平。有条件的地区，可以做实农民集体的土地所有权，开展行之有效的集体经营、合作经营、专业化经营，拓展人地关系均衡的实现形式。对于已经完全不务农而拥有土地承包权的农户，进一步畅通其自愿有偿转让、退出土地承包权的政策通道，创造人地关系均衡的宽松环境。应加强对新型农业经营主体流转而来的土地经营权的保护，保障人地关系均衡的稳定性。

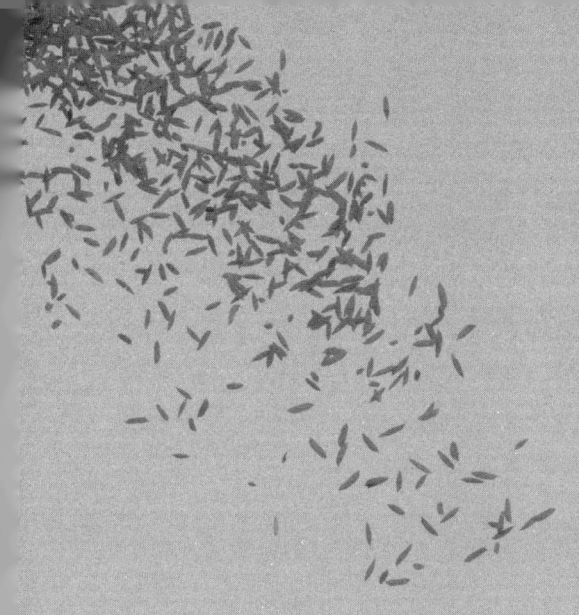

农业经营变局
规模化

  随着农村青壮年劳动力大量离乡进城，以及老一代农民年龄增长逐步淡出农业，"未来谁来种地"是农业经营中面临的一个问题。调研发现，农业小规模经营转向适度规模经营后农业有利可图有助于解决这一问题，规模化经营有生产集约和效益良好的规模效益，职业农民以农业作为一种职业，农业劳动力迭代更替，新生代的职业农民进入农业。

习近平总书记在 2022 年中央农村工作会议讲话中指出,"发展适度规模经营是现代农业的方向"。近年来,我国在培育新型农业经营主体、发展农业适度规模经营方面的成效正在显现,农业小规模经营正在向适度规模经营转变,我和同事李青博士调研的安徽省淮南市谢家集区杨公镇前瓦村和寿县小甸集镇杨圩村、安丰塘镇戈店村等乡村是这一转变的典型。

农业小规模生产经营面临困难

我国农业经营规模偏小,承包耕地零散。据农业农村部政策与改革司《中国农村政策与改革统计年报(2021年)》,2021 年,我国经营耕地 10 亩以下的农户数 23 227.7 万户(其中,未经营耕地的农户数 3 783.9 万户),经营耕地10~30亩的农户数2883.9万户,合计占总比84.1%。耕地承包实践中,一般还根据土地远近、肥瘦、水源条件等将耕地分为几个等级分到承包户,造成土地零碎化严重。比如,前瓦村人均2.2亩、户均8亩耕地,耕地面积3600亩,有3901块,平均每块不到1亩,特别零散。该村地块最多的一户,10口人分到了总计27亩的50多块耕地。

地块零散的小农户小规模经营严重影响农业生产效率,有些问题综合作用,甚至使得小规模经营难以为继。其一,"耕、种、管、收、储"等各个环节费时、费工、费钱,小规模经营导致农资、农机、植保等生产费用相对较高。比如收割费用,规模农业为每亩40多元,小农户每亩则需要70~80元。其二,小规模经营的农资价格没有规模农业的议价优势,一亩地一季的化肥支出相差几十到上百元,而化肥、种子等农资价格上涨幅度快于粮价上涨幅度,种粮比较效益低。其三,小规模经营条件下,病虫害难以防治。谢家集区杨公镇前瓦村党支部书记王军就反映了小麦赤霉病防治的问题——不像大户可以规模化防治,小农户很难防治,导致产量低,收成少,小麦种植率低,前几年季节性撂荒严重。土地平整和统一流转以前的2019

年,全村60%~70%的耕地出现小麦季节性撂荒。其四,秸秆回收处理难。寿县安丰塘镇戈店村农民杨勋传(63岁)是个种地的老把式,但"秸秆禁烧后,自己搞不了秸秆和草,自家有个小旋耕机,秸秆还田,无法深翻,苗不扎根,种了不长"。他知难而退,不仅原先流转来种了5年的60亩耕地(共二十六七块,地租每亩每年70元)不种了,还将自家14亩多承包地流转出11亩多(地租每亩每年700元),只剩了3亩口粮田。此外,他给大户打零工,一年能挣2 000元。

由于小规模经营存在的规模经营劣势,农村家家包地、户户务农的基本经营方式正在改变。不少小农户不愿过多投入农业生产,拥有承包权却不再经营土地,特别是青壮年劳动力认为农业经营收入低、占用时间多,种一亩田的收入还比不上外出打几天工,不如土地流转后外出务工①,一些农村家里有能干活老人的,最多留几

---

① 据寿县农业部门测算,在风调雨顺的正常年景,农户耕种承包地,麦稻两季,小麦亩产850斤,按每斤售价1.23元,共收入1 045.5元;水稻亩产1 150斤,按每斤售价1.35元,共收入1 552.5元;总收入2 598元,减去农资成本1 350元,一年10亩两季作物收入12 480元。如果将土地流转,承包地每亩每年可获得地租550元(一般比这高),10亩地一年共5 500元,可以节省出至少一个劳力外出务工经商,按其月收入2 500元计算,每年收入3万元,合计收入3.55万元。

亩口粮田①。我们所走访的村庄，农村人口和劳动力大规模非农化，人口普遍向城市流动，劳动力特别是年轻人普遍离村务工，举家外出的也不少，留在村里的主要是老人和为数不多的儿童。前瓦村全村户籍户数454户，人口1 449人，到2021年常住人口743人，2023年常住人口320~330人。年轻人大多去江浙一带打工，在村60岁以下的人寥寥无几。农业季节性雇工几乎雇不到70岁以下的，只能雇到70岁以上的劳动力，一天100多元。当地农口干部讲，现在当地农村"60岁以下的去江浙沪、合肥打工生活，60到70岁的去附近城镇打工、在农村生活，70岁以上的在农村打工、农村生活"。杨勋传担忧："5年后，我们这茬人之后，没人种地——年轻人也不会种。"

农业小规模经营正在向适度规模经营转变

"三十亩地一头牛"曾是小农的理想，如今随着土地

---

① 寿县小甸集镇杨圩村张友福大姐（61岁，有3个孩子，孩子们都没种过地，2个女儿出嫁，一个儿子37岁，外出打工十多年，在苏南落户）一家有承包地19亩、18块，老伴2017年过世后，留了一亩多口粮田，其余的流转出去了。一亩地租金500元，一年收入6 000多元地租。戈店村陈时梦，81岁，老伴79岁，有8亩承包地，去年开始流转出去7亩，自己留了1.5亩口粮田——种不动了。儿子55岁，在外做水电工。

经营权流转政策的逐步完善与规范，在农村集体经济组织的积极协调服务中，在不断适应农业生产经营条件和科技装备的变化中，农业小规模经营正在向适度规模经营转变，10 亩、30 亩的经营规模正扩大到 100 亩、300 亩甚至更大，一些普通农户、小农户逐步成长为种粮大户、家庭农场、合作社等新型农业经营主体，或者也可通俗地称之为大农户，农业经营体系逐步增强。新型农业经营主体进行的适度规模经营提高了农业生产效率，解决了小农户难以克服的一些难题，促进了现代农业发展。我们调研到的 3 个村，前瓦村全村耕地面积 3 600 亩，适度规模经营面积 3 200 亩，由 3 个家庭农场分别经营 2 200 亩、500 亩和 500 亩。杨圩村耕地面积 10 412 亩，适度规模经营面积 9 116 亩，共有 6 个新型经营主体，其中包括 3 个种植大户，分别经营 1 200 亩、460 亩和 260 亩；1 家国有公司，经营 4 331 亩；1 家合作社（经营团队），经营 1 200 亩；村集体与本村 7 户种田能手一起经营 1 400 亩。戈店村全村耕地面积 10 489 亩，适度规模经营面积 5 240 亩，共有 5 个新型经营主体，其中 1 个专业合作社经营 1 400 亩，1 个家庭农场经营 2 400 亩。

小农户成长为大农户，既有独立成长的，也有合作或合伙成长的。杨圩村农户杨金培家是个独立成长为大农户的典型，老杨（1961年生）种了40多年地，两个儿子在外工作，都没种过地。老杨两口子在种自家承包地的基础上，还流转了外出打工的6个农户（共60多人）的80多亩地，共种100多亩地（只种水稻一季，上半年不种。地租便宜，按人头一人一年给100块）。去年（2022年）10月该村土地统一流转后，地租上升到每亩每年500元，老杨流转扩大种植了460多亩地，共种两季，原先分散的大几十块地合并集中成3块。

一些小农户紧密合作，合伙成长为富有活力的、具有较强经营能力的大农户。我们调研了解到，这类紧密合作或合伙的农业经营主体具有较强的优势，经营管理技术更好，有团队分工合作优势，农机装备更强，市场关系广，生产效率更高。安丰塘镇农民顾广银与其他四人紧密合伙，成立诚丰水稻种植专业合作社，实行股份制，顾广银持有股份52%，其次的一人持有股份20%，其他三人占有剩余股份。老顾认为："（五人）一起经营、发展、抗风险，一起出谋划策，统一种植管理、收获，有优势。"2012—2019年，老顾他们在戈店村流转经营760亩耕地，地租不便宜，每亩760元，涉及地块零散，超过200块，都是几亩地、几分地一块,最大的有七八亩。老顾回忆:"当时快干不下去了,粮价上不去,成本却上去了,(收支)持平,(还面临)水灾、旱灾、赤霉病等。"2019年土地整合统一流转后,老顾他们经营得"有起色了",在戈店村的经营面积扩大至1 400亩,小田变大田,土地集中至20块,变为几十亩一块,最大的一块有100亩。他们在邻近4个村还耕种了2 200亩地,总共经营土地3 600亩。老顾简单算了个账:"农资集中采购,节本增效,一吨化肥能便宜100元,一亩地减少10多元(成本);统一销售,订单生产,一斤多卖1毛钱,一亩地增加100元(收入);统一管理,水稻产量能增加100斤。"此外,老顾等五人的合伙人团队还成立农事服务中心,为合作社其他80户相对松散的农户经营的4 000亩耕地提供耕种、植保、收割、烘干仓储等服务。①

发展农业适度规模经营的思考

农业小规模经营向适度规模经营的转变是农业现代化

---

① 在戈店村,从江苏盐城来的6个紧密型合伙人共租地2 400亩,3个大股东各占600亩,3个小股东各占200亩,按此土地面积各出租金,每亩租金700元。按田亩分成分红,统一经营,3个大股东出机械、资金,田间管理主要归3个小股东负责。

的必要条件之一，在这一转变过程中，还存在值得探讨以及迫切需要解决的几点问题。

第一，因地制宜确定农业经营的适度规模，依靠职业农民解决"谁来种地"问题。习近平总书记在2013年中央农村工作会议上的讲话就曾强调，"要把握好土地经营权流转、集中、规模经营的度，要与城镇化进程和农村劳动力转移规模相适应，与农业科技进步和生产手段改进程度相适应，与农业社会化服务水平提高相适应"。不少基层干部认为，应控制农业经营规模，经营规模要适度，不宜过大，过大难以做到精耕细作。农业经营规模适度时，土地亩均产出和效益最高，超过一定规模后，亩均产出和效益降低。受访农业经营主体的普遍经验是，农业经营规模取决于经营主体的实力、组织方式和土地状况、机械及技术等生产经营条件。以大田粮食作物为对象，淮南市农业农村局副局长吴震宇、杨圩村大户杨金培、戈店村大户顾广银都认为，水田的适度经营规模是500亩，旱地的适度经营规模是1 000亩。在实践中，家庭经营、团队合作或合伙经营的适度规模不一样，团队合作有规模经营的优势。前瓦村王军认为："2个人的家庭经营，如果不雇人，最好经营200亩以内，平整土地小田并大田500亩轻而易举,管理1 000亩也可以,但得雇人;4到5人的团队经营规模2 000亩比较合适,几百亩一块(一处)管理经营,团队别太大,5到7人最好。"①

随着农村青壮年劳动力大量离乡进城,以及老一代农民年龄增长逐步淡出农业,未来谁来种地是农业经营中面临的一个问题。调研发现,农业小规模经营转向适度规模经营后农业有利可图有助于解决这一问题,规模化经营有生产集约和效益良好的规模效益,职业农民以农业作为一种职业,农业劳动力迭代更替,新生代的职业农民进入农业。并且,无论新型农业经营主体的称谓或形式是种粮大户、家庭农场还是合作社,实质上务农的就是职业农民,登记注册为家庭农场或合作社的目的是作为相对正式的法人以从事农业经营(免税)、融资等。职业农民并不局限于在当地务农种地,有黑龙江绥化的农民跑到建三江农场种地,有江苏盐城的农民跑到安徽寿县种地,职业农民跨省、跨地区种地可以给当地带去新的农业生产经营理念、

---

① 从江苏盐城来安徽淮南种地的孙新林团队经营管理能力较强,有全套大马力农业机械,孙新林认为:"6个合伙人预计每人1 000亩,能管过来,6人团队能管6 000亩,而单个人只能管500亩。"比起打工,孙新林更愿意种地:"种一两百亩地的收入与打工差不多,但成本高,不划算;种500亩地的规模收入比打工多2到3倍。"

技术、机械等。寿县的几位基层干部认为,在适度引进、学习外来职业农民先进经营方式的同时,要更倾向于培育发展本地、本村的职业农民和家庭农场。杨圩村党总支书记徐张强(1991年生)认为,把土地整合好了,土地平整、地块合并,未来年轻人也愿意干农业。戈店村顾广银表示,经营规模大了能挣钱,"儿子跟着我干农业"。如同古诗中描绘的"大儿锄豆溪东,中儿正织鸡笼",这是乡村中难能可贵的子承父业、后继有人。

第二,农村集体经济组织在发展农业适度规模经营中可以起到积极作用。习近平总书记指出,"要把好乡村振兴战略的政治方向,坚持农村土地集体所有制性质,发展新型集体经济,走共同富裕道路"。农村集体经济组织是维护农村土地集体所有制、维护农民集体利益、发展新型集体经济的重要组织保障。农村改革以来,家庭承包经营为基础、统分结合的双层经营体制这一农村基本经营制度中,长期存在"统"弱"分"强的问题,不少农村集体经济组织未能有效发挥"统"的作用,统分结合的双层经营体制中"统"的短板明显。农业小规模经营向适度规模经营转变过程中,农村集体经济组织可以发挥统筹引导、协调服务、监督管理等积极作用,发挥农村土地集体所有制的制度优势。

实践中，农村集体经济组织为发展农业适度规模经营开展了一些工作。一是统筹平整土地，合并零散地块。近几年，我们调研到的三个村都通过集体统筹组织平整了土地，并利用电子（数字）证照确权，将过去特别零散的几分几亩的地块合并为几十亩上百亩的地块，解决家庭承包带来的土地经营细碎化问题。二是接受不愿种地的承包户委托，集中统一发包给新型农业经营主体规模化生产经营，审核把关经营资质、能力，协调签订三方土地经营权流转协议，协调灌溉、农机服务，降低经营主体的交易成本。我们调研到的三个村集体收取包括水电费在内的每亩30元、50元不等的协调服务费。戈店村顾广银比较："以前直接流转的老吵架，打药什么的闹矛盾。现在从村集体直接拿地，村集体协调，矛盾少了，放心种。"三是监督管理新型农业经营主体保护耕地、规范经营、防范风险。几年前，当地不少农田流转后被用来种草皮，一年收两茬，每茬卷走10公分土壤耕作层；有的大户经营不善，"跑路"了，拖欠农民租金……这些问题都作为如今农村集体经济组织监督管理的内容。前瓦村党支部书记王军强调："监督很重要，引进来（经营主体）监督力度要大，不能睁一只眼闭一只眼,要对群众有利,不引进坏的,不能损害群众(利益);监督利益联结,必须种粮食,按协议规矩,不能破坏土地。"四是发展集体经济。资源匮乏、集体经济薄弱是许多农村的窘况。我们调研到的三个村过去集体收入几乎为零,近几年通过整合资源、积累协调服务费增加了集体经济收入。戈店村还同时利用财政补贴经费,购买农业机械,成立农事服务中心,出租农机给经营主体使用,获取租金。五是治理撂荒地。2019年之前,我们调研的村里小农户耕地季节性撂荒情况较多,杨圩村所在的小甸集镇几年前"冬闲田"面积占耕地面积的90%以上,村集体统筹引导土地集中经营,有效解决了季节性撂荒问题。

　　第三,着力解决适度规模经营面临的烘干、仓储等新问题。适度规模经营解决了小农户小规模经营存在的一些问题,然而,新型农业经营主体在扩大经营规模之后,又面临着一些新的问题。目前,新型农业经营主体集中反映的最大问题是烘干、仓储设施不足,未与适度规模经营配套发展。李友青、杨金培等大农户反映的首要难题都是烘干、仓储问题。缺地、缺钱是两个具体问题,其中最大的问题是烘干、仓储设施缺乏建设用地,难以落地,从而导致规模化经营收获的大量粮食没法烘干，没地方存放，如遇阴雨天气极易霉变，而且集中上市销售粮食时受制于人，卖不上价格，增产不增收，甚至减收。

杨金培反映："粮食少的时候在马路上晒，存在家里，现在粮食多了，场地不够，家门口做了个晒场，有390平米水泥地，做了个仓储棚，有100多平米，还是放不下。"杨金培建议："村里统一建烘干房，一个村建一个，一万亩以上建一个。一季粮食产量800万斤，建一个烘干房需要15到20亩地、600万元投资，可以用一般农田、设施农业用地来建。"李友青的办法是租用村里闲置学校，临时搭建一个简易棚子存储粮食。李友青建议："值得上烘干设备，每七八千亩耕地建一个，需投资400多万，可以村里出地入股，经营主体合伙，贷款一点，政府补一点。"

第四，高标准农田建设应与适度规模经营相结合。土地平整、水利条件便利等是农业适度规模经营的基础，高标准农田建设是提升农业生产条件的重要手段，同时还应与农业适度规模经营紧密结合，让农民集体和新型农业经营主体参与，真正为农业经营而建设，为农民而建设。一些基层干部和农民反映，平整土地、高标准农田建设应由农民集体自己搞，不能让不会、不懂种田的所谓专业建设公司搞设计、招标、建设、监理、验收那一套看起来程序多、花钱多但不实用的工程,有些工程把可耕种的熟土都变生土了,建设完了都没法种地;应以奖代补,让村集体和经营主体干,付出10元成本,就能干出20、30元的活,项目补贴交给村集体、经营主体。

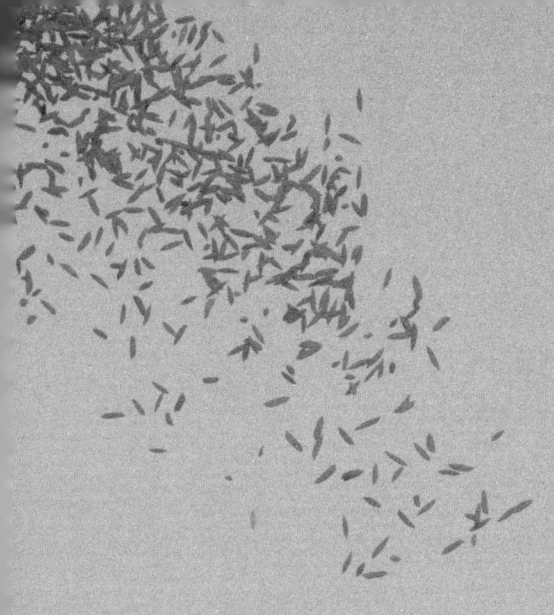

农业生产方式变局
机械化、智能化

我们预测到2035年,我国农村劳动力将下降至1亿多,比目前减少1.5亿以上。乡村青壮年劳动力普遍外出务工经商,乡村活力不足。农村劳动力快速下降,对农业规模化、机械化、智能化发展既提出了挑战,又提供了机会。

耕牛遍地走

　　牧童骑耕牛是田园诗词中动人的景象,"借问酒家何处有？牧童遥指杏花村。"这句唐诗中的传说地之一——汾阳杏花村距离我们村不到 50 公里。从唐朝到 20 世纪 80 年代这一千多年来,春雨、杏花、耕牛、牧童,这一令人神往的田园风光在我的家乡大地上一直在上演。山西老家农谚"九九又一九,耕牛遍地走",描绘的就是春耕时节耕牛忙碌耕作的场景。我在 2014 年出版的著作《读懂中国农业》中写过："春秋战国时期,铁犁牛耕成为农业的主要耕作方式,此后延续数千年之久。"我的爷爷曾养过一头黄色的耕牛,外出放牛、用铡刀铡秸秆是养牛的必要活计。老院子里的下厢房就是牛棚,常年堆放着成捆的秸秆。用铡刀铡秸秆是项体力活,远没有牧童骑黄牛那样惬意，爷爷和叔叔两人配合，一人抓着小把秸秆，放在铡刀上一段一段往前推，一人抓住刀柄，一上一下往下铡，不一会地上就积了一堆秸秆段。耕地播种时，爷爷、父亲、叔叔一起上阵，在松软的地里，一人一手扶犁、一手提鞭吆喝着耕牛走线路，一人播种，一人撒粪肥，一天下来耕种几亩地，人累，牛辛苦。耕牛在传统农业中不可或缺，备受农家爱护乃至官方保护。

拖拉机替代畜力人力

传统农业向现代农业的转变的一个重要标志是动力农业机械替代畜力人力。随着农机制造业的发展和农业生产的需要，20世纪90年代，耕牛（骡马）快速地被拖拉机及配套机械替代。山西老家农村也有了一个专业农机手——三蛋，他购置了一台拖拉机以及配套铁犁等农业机械，给各家各户耕种，按亩收费。记得当时，一亩地要付耕作费20元左右，还管农机手一顿午饭。

然而，当时农村的农机作业主要用在耕种环节，锄地、收获还是主要靠人力。当玉米和谷子还是幼苗的时候，锄地的人得蹲着往前挪，锄掉杂草和多余的苗，等苗长高了，人再站着锄一遍杂草。当时，玉米出苗率不够高，点播时会多点种子以保证出苗率，但带来的问题是，如果出苗多一些，还需要再费力锄掉。父母亲都是锄地的好手，又快又准，我放假"凑数"帮忙锄地时，不出一小会儿就被远远落在后面，并且锄得不合格——该锄的草没锄尽，不该倒的苗倒伏了。锄地是个体力活，"锄禾日当午，汗滴禾下土。"一人一天锄几分地，一天下来筋疲力尽，几天下来腰酸背痛。

现如今，农机、生物技术进步彻底改变了锄地作业。农机播种控制更为精细，玉米单粒播种技术推广，除草剂广泛使用，繁重费工的人力锄地不再被需要了。但其间，大量化学除草剂对环境和农产品质量安全的负面影响出现，生物技术进步的两面性表露无遗。

美国、比利时的大型智能化农机

2014年秋季，我在美国杜克大学做访问学者时曾调研了北卡罗拉纳州一户农场，印象最为深刻的是农场主家的数台各类大型农业机械。该农场的大豆、小麦、玉米、烤烟的种植与收获作业全程机械化。更为厉害的是其农机智能化——农机具上安装了成套的智能化设备,包含卫星导航定位、传感技术、计算机测控技术、无线通信技术、移动互联网等;人在终端屏幕上设定好作业程序后,农机就能自动进行耕、种、收,不再需要人工操作方向盘等。年轻的农场主给我们演示的一台一层楼高的拖拉机,装上智能化设备,花费折合人民币近 100 万元。当时我估计了一下,农场主家大大小小的各类农机具,加起来得花 1 000 万人民币。依靠这些智能化农业机械,农场主一家经营着 3 000 多亩耕地,只在农忙时雇用几个墨西哥工人干活。

2019 年 10 月,我们在比利时调研时,看到了农机智能化收获甜菜的场景。在堆积如山的甜菜堆旁,一台农机在土地上来回穿梭,把长在地底下的甜菜根茎块翻出来直接装在车兜里,农机手跳下驾驶室查看时,农机并不停止,而是继续行驶作业。

我国农业机械化、农机智能化滞后

1959 年 4 月 29 日,毛泽东同志在一份《党内通信》中提出"农业的根本出路在于机械化"的著名论断,这是多么高瞻远瞩的认识判断。在毛泽东同志提出这一重大判断后的 60 多年来，我国的农业机械化取得了不小的进步，但与西方发达国家相比较，我国农业机械化发展明显滞后。总的来看，我国农业机械化发展滞后表现在几个方面。第一，我国农业机械化水平相对较低，耕作环节机械化率相对较高，但播种、收获环节的机械化率较低。第二，主要粮食作物机械化率相对较高，其他作物机械化率较低。第三，农机智能化刚刚起步。在国内的田间地头进行调研时，我在广西见到过甘蔗耕作智能化作业。

我国发展现代农业，必须全面提高农业机械化水平，推进农机智能化。我国农业机械化水平低与农业劳动力数量庞大、农业经营规模小相辅相成，互为因果。农业劳动力多、经营规模小抑制了农业机械的推广利用，农业机械发展滞后又影响着农业剩余劳动力转移和农业经营规模扩大。而这些中国农业的关键特征共同导致农业效率较低和农业成本较高。在农村人口城镇化背景下，在农村土地经营权流转与农业适度规模经营范围扩大的情况下，农业机械化迎来更多的发展空间。当前，可以采取以下几点措施。第一，大力发展农业机械，提高农业机械化率，提高农业生产效率。大力发展先进、适用的各类农业机械，以代替不断减少的农业劳动力，降低人工成本。从农业机械化的播种和收获这两个薄弱环节入手，积极借鉴、引进国际先进的农业机械理念和技术，发明、制造、推广适用性播种类和收获类农业机械。全面提高农业机械化率，提高玉米机收率、水稻机播率、棉花机收率、薯类和油菜等农作物综合机械化率。第二，发展农业机械合作与生产服务，提高农业机械利用程度。农业机械投入大，国家补贴高，但不少农业机械利用率低，闲置浪费现象严重。要积极引导农业机械合作社、农机生产服务组织发展壮大，为农产品生产、烘干、储藏、运输提供方便高效的机械化服务。第三，推进农机智能化。美国、欧洲的农机智能化已经在农业中广泛应用，中国在这方面落后不少，但前景可期。不过，我国农机智能化潜力很大，要下大力气将卫星导航、传感技术、计算机测控技术、无线通信技术、移动互联网、物联网等先进技术和设备应用到农业机械领域，推广普及智能化农机，以农机智能化引领农业现代化。

农村劳动力快速减少呼唤机械化、智能化农业

我们预测到 2035 年，我国农村劳动力将下降至 1 亿多，比目前减少 1.5 亿以上。乡村青壮年劳动力普遍外出务工经商，乡村活力不足。山西省吕梁市临县和孝义市属于较为典型的北方山区，当地乡村劳动力流失问题明显。临县白文镇庙坪村有830户、2 259人，尽管是当地发展最好的村，其大部分青壮年劳动力仍在外务工经商（共有530户，占比64%），主要在外经营小超市或小旅馆、当建筑工、开出租车等。留在村里的200多农户除务农外，就近在本村4家经营蘑菇种植、红枣加工、枣芽茶加工的企业务工。而在周边其他缺少企业和产业的村，劳动力外流现象更为普遍，村庄人口的空心化更为严重，比如，白文镇桐村的常住人口仅剩10%左右。

孝义市阳泉曲镇户籍人口1.8万，常住的只有4 000多人，约占户籍人口的22%。有能力、有条件的农民基本上在县城买房或租房居住，各村普遍只剩下一两百人。人口最多的一个村，常住人口尚有400多人；最少的村只有几十人。该镇魏南庄村户籍人口有300多人，常住的只有20多人；春塔村有126户、340多人，常住村里的只有50多人，到冬天则更少，只有二三十人。

农村劳动力快速下降，对农业规模化、机械化、智能化发展既提出了挑战，又提供了机会。首先，农业经营体制和经营方式需要及早适应大幅减少的农村劳动力条件以及新的"人地关系"格局,加快农业规模化与机械化发展,提高劳动力与土地、资金、技术、机械等要素的配置效率与规模经营效率。应积极培育新型职业农民与新型农业经营主体,加大农业机械在农业全领域、全过程的应用,创新农业全程社会化服务机制,发展多种形式适度规模经营,努力弥补规模较小与机械不足差距,不断提高我国农业竞争力。其次,应充分发挥新一代科技革命的优势,大力提高农业智能化水平。将农业大数据、云计算、智慧农机、农业机器人、智能控制系统等智能化装备应用于农业全过程、全产业链,应对即将到来的农业农村劳动力相对不足问题,让智能化促进农业脱胎换骨,以智能化促进农业现代化。

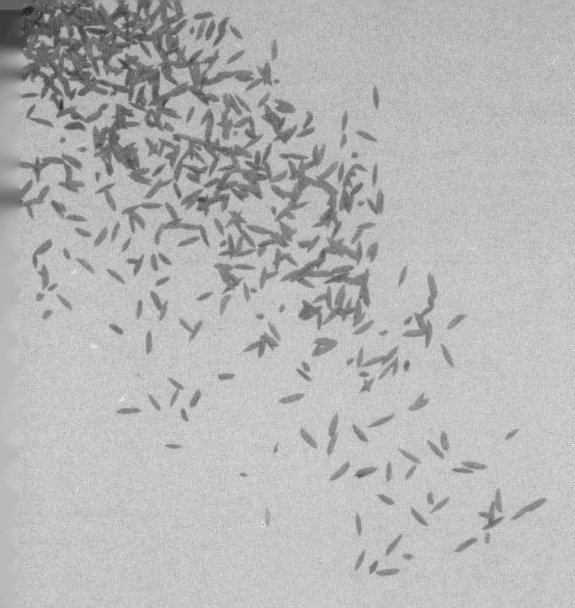

养殖业变局
工业化养殖

不能因提高环保、屠宰等标准遏制乡村专业养殖户的发展空间、生存空间。不能以所谓现代化的管理方式简单化、"一刀切"式地管理已经存在数千年的养殖业。应该为中小规模养殖户量身定制包容性的养殖政策与标准,特别是在环保与屠宰方面。

猪、鸡、羊：传统常见的农村畜禽

在我很小的时候，母亲养过两年猪，但养不好也嫌臭味大，后来就没再养。但我家养鸡一直养了近二十年，一般养十几只，春夏秋三季每天下几只鸡蛋供应家里吃没问题。那时狐狸、老鼠在夜里不时打洞光顾鸡窝、偷鸡吃，隔段时间加固鸡窝就成为一项活计。直到我上大学后的某年暑假，我嫌鸡在院子里到处排泄粪便，才劝说母亲不再养鸡了。爷爷奶奶家一直住的老院子里有一个不错的猪圈，每年都养几头猪，一直养了几十年，直到他们干不动活才不养了。当年，我们村有两户养羊的，各养了一百只左右。在春夏秋季，他们每天赶着群羊去山坡上、河沟里吃草，冬天时则饲喂秸秆、玉米等草料。不知为何，在老家的观念中，放羊被认为是低端的职业，甚至带点贬义。

谁家的孩子若不好好学习，大人就会调侃："不好好学习，长大了就去放羊吧。"

记忆中，小时候只有在中秋、冬至、春节这几个大节才能吃到肉。那时，逢节杀猪宰羊祭祀是件大事，也是个景观。村里彪悍的非职业屠户喜子和几个助手提前架起大铁锅、烧上开水，在磨刀石上把短刀磨得锃明彻亮。众人七手八脚，用绳子把肥猪牵到场子里，按定，喜子提刀对准猪脖子，一刀扎下去，鲜血喷涌，肥猪凄厉地惨叫几声后就没音了。然后是盆子里接猪血，开水锅里剔除猪毛，分切猪肉，祭祀。最后，分肉、买肉。

20世纪80年代，村里养猪、养鸡的人家还不少，猪草、人吃剩的饭菜、磨面后的小米糠和玉米麸，都是很好的饲料。沤过的猪、鸡、羊粪又是很好的肥料，播种前上粪到地里。种养殖业之间的这种完美的物质传递和能量交换，现在谓之循环农业、生态农业。我国传统农业、传统农民总是可以充分利用大自然馈赠的各种材料，精耕细作，在有限的土地上养活不断增加的人口。

20世纪90年代以后，随着工商业就业途径增加、购买商品猪肉便利，村里养猪、养鸡的越来越少。新世纪以后，村里已没有喂猪的农家了，养鸡的也只有一两家，主要也是为自家吃得安全放心。农户自家养殖自家用的自给自足型养殖模式逐步退出乡村的历史舞台,这是传统的自给自足型农业转向商品化农业、市场化农业的一个显著标志。我们村集体还组织农民合作养过长毛兔、蚕,但因经营、市场、疫病等问题都没成功。

养殖业工场化、工业化

新世纪以来,养殖业仍然是乡村农业的重要组成部分,但养殖业与乡村、与农民的关系已经发生了深刻的变化,从饲料、育种、养殖育肥到屠宰等环节,养殖业规模化、专业化、工场化的特征越来越明显。养殖场几乎都处于乡村,但已是工场化的。与传统的分散化小规模农户养殖不同,现代化养殖的主体是企业,资金投入及占用量大,成千万上亿的投入很平常。养殖量得达到一定规模才能摊薄投资、实现规模经济。从事养殖的农户也大都具有一定规模,并且大多与养殖屠宰加工企业存在购销关系。

现代养殖的科技水平、专业化程度比过去大为提升。比如繁育鸡苗,专门的品种咱也不懂,单看孵小鸡这个事。小时候,一般在春暖花开后,我曾帮着大人挑选有苗的能孵小鸡的鸡蛋，坐在窗前，对着阳光，慢慢转动鸡蛋，找寻鸡蛋里头一个小小的黑点。挑出10个左右带黑点的鸡蛋备一窝。正常状态的母鸡没法孵，得等一只母鸡像醉酒一样地进入孵小鸡状态，然后把鸡蛋放在柔软的草窝里，赶母鸡上去，母鸡就会俯卧在鸡蛋上，迷迷瞪瞪，几乎不吃不喝。三周后，母鸡逐个啄破蛋壳，湿漉漉的鸡崽破壳而出。母鸡带着一群小鸡过一个月左右，小鸡就长大自立了。现代化的育鸡苗已完全是工场化流水线作业，2019年春季，我们在单位对口的定点扶贫县——河北省大名县的一家养殖场看到，成百上千只毛茸茸的小鸡崽坐在传输带上，从不需要老母鸡孵化的、专业化育苗车间传送出来，工人们给小鸡逐个打上疫苗，然后装箱分送。专业化养殖技术大大发展，生产效率大大提高。

现在，像过去那样有些血腥的杀猪场面在农村也很少见了，李白笔下的"烹羊宰牛且为乐"变得稀少，畜禽屠宰已成为工业流程，屠宰、检验检疫、几十个部位的分割、包装，就像工业产品一样，同样流水化作业。动物福利也开始慢慢受到重视——2019年10月，我们在丹麦皇冠猪肉屠宰加工车间了解到，在猪被屠宰前，猪会被驱入一个密闭的充满二氧化碳的房间，猪缺氧昏迷，然后被屠宰时就能减轻痛苦，这被称为动物福利。

传统农业中，畜禽粪便可以变废为宝；现代大规模养殖产生的大量畜禽粪便却成为环境污染物，对环境卫生造成不小影响，如何处理畜禽粪便是养殖场面临的难题。因此，有些地方特别是部分经济发达地区开始排斥养殖场，以致居民肉类供应主要靠外部保障。2019年，养殖场减少加上非洲猪瘟影响导致猪肉供应不足，猪肉价格大涨，老百姓生活成本增加，国家随之采取多项政策支持生猪养殖业发展。2019年猪肉价格大涨，而2022年、2023年猪价低迷，生猪产业起起伏伏，养殖业可持续发展问题值得深入思考。

调研发现，我国养殖业正在发生嬗变，养殖业集中度在不断提升，特别是"工业化养殖"逐渐兴起，这将对养殖业发展带来深刻影响。

我国养殖业集中度持续提升，"工业化养殖"显现。以生猪养殖业为例，近年来，我国大量中小散生猪养殖户退出养殖行业，生猪养殖规模化程度提高。据农业农村部资料显示，2020年生猪养殖规模化率为53%。

与生猪养殖规模化相伴随的是生猪养殖企业数量快速增加，行业集中度持续提升。根据企查查数据显示，我国生猪养殖企业注册数从2010年的1.6万家激增到2017年的5.9万家，增长4.3万家，增加了2.7倍。受2018年非洲猪瘟的影响，虽然生猪养殖企业注册数下降至2019年的4.4万家，但生猪养殖企业化经营的趋势并没有发生改变。

在生猪养殖企业数量快速增加的背景下，不少大型生猪养殖企业养殖规模扩大，生猪养殖业行业集中度在持续提高。2018—2020年，全国养猪业前10强年出栏生猪从5 594万头提高到6 460万头，占当年全国生猪出栏总数的比例（CR10）从8.06%提高到12.26%，提高4.20个百分点；前20强年出栏生猪占比（CR20）从9.76%提高到14.53%，提高4.77个百分点。预计今后养殖业集中度还将进一步提高。

我们观察到，养殖业正在发生重大变化，养殖业开始呈现工业化特征。与传统养殖业相比，现代养殖业发生了深刻变化，正在从劳动密集型、低技术、低资本要求的传统产业发展成为技术与资本密集型新型产业。养殖业已逐渐体现工业化特征，这里称之为"工业化养殖"。"工业化养殖"的特征具体体现为工业化渗透、资本化投入、企业化经营、工厂化集中、机械化操作、智能化管理、规模化生产，以及流水线作业。特别值得探讨的是，"工业化养殖"在很大程度上将现代化工业技术、生产方式等引入农业领域的养殖业,将一二产业深度结合,打破了一二产业、农业与工业的行业界限。从种猪繁育、疫病防控、生猪养殖乃至后期的生猪屠宰等各个环节,生猪养殖业中的"工业化养殖"体现尤为显著。当我们置身于各式养殖机械林立、流水线生产的养殖工厂时,这个观感会更加强烈。

养殖业集中度提升与"工业化养殖"将深刻影响养殖行业的发展。具体表现为以下五点。

第一,集中度提升与"工业化养殖"有助于集约化、标准化、智能化养殖。集中养殖、"工业化养殖"有助于养殖业的工厂化、集约化、标准化、智能化生产,会推动养殖业集中度进一步提升,有助于推进生产、加工、物流、营销等环节实现全产业链一体化发展,延伸价值链,加速养殖业转型升级。"工业化养殖"还可依托互联网、物联网、云技术、大数据等新一代通信科技,将数字化设备、数字化技术应用于养殖。一些大型养殖场通过数据化管理软件,实现养殖的实时管理、精准饲喂、智能环控。

第二,集中度提升和"工业化养殖"有助于降低生产成本，提高养殖效率，快速提升养殖产能。近年来，养殖业的厂房条件、设施设备水平提升，工厂化程度明显提高，养殖业对资本投入的需求增加，但同时提高了生产效率，具有明显的总成本优势和人工成本优势。

第三，养殖业集中度提升与"工业化养殖"有助于抵御市场风险与疫病风险。中小散养殖户的养殖规模普遍较小，抵御风险能力普遍较弱，难以承受"过山车"式的市场风险和大面积疫病风险。养殖业的市场周期性较为明显。比如，生猪市场保持了三至四年一个周期的自有规律，"猪周期"波动大，"过山车"般的行情加剧了市场风险。养殖户一旦亏损，就会血本无归，很难从头再来。此外，口蹄疫、非洲猪瘟等重大疫病、流行性腹泻等常见病仍未完全消除。抗疫病风险的技术要求高、资金投入大，中小散户较难达到疫病防控要求，而"工业化养殖"可利用先进的防疫体系来系统全面地抵御疫病风险。

第四，养殖业集中度提升与"工业化养殖"带来规模化粪污难题，但同时又有助于集中处理。规模化养殖与环境保护之间的矛盾日益突出，集中养殖产生的粪污量大，污染问题明显，处理成本高，治理难度大。但与此同时，集中养殖有助于促进养殖废弃物综合开发利用，有效缓解养殖形成的面源污染。

第五，养殖与供应越来越集中于大型养殖企业。近年来中小散养殖户的大批量退出减少了生产主体，降低了生产供应与市场的稳定性。养殖集中度提高，大型养殖企业对行业的影响力增加，对市场供应、价格的影响力增强。大型养殖企业具有相机调控产量即可掌控区域性市场供应量和价格的能力，进而对全局形成影响，极易形成区域性垄断，不利于市场价格机制的形成。美国泰森、荷美尔、史密斯菲尔德等猪肉供应商，曾因刻意限制猪肉产量并操纵美国市场上的培根、火腿、热狗等猪肉产品价格被起诉。10多家美国家禽企业曾被沃尔玛指控涉嫌违反《反垄断法》，串谋抬高家禽价格。

养殖业发展应主动顺应集中度提升与"工业化养殖"的重大转变，具体要做到如下六点。

第一，"工业化养殖"打破了农业与工业界限，使农业与工业深度融合，为此，养殖业需要积极顺应工业化转变。养殖业需要转变传统的农业生产思维，树立工业化生产与管理理念，积极利用先进科技、智能机械、大数据等。强化对规模养殖场的工业化、机械化、智能化升级改造，提升规模养殖场的现代化水平。

第二，增强养殖业供求对接的计划性与管理性，有效控制产能释放。"工业化养殖"促进了养殖业产能的快速提升，传统农业养殖的自然、缓慢的生产被工业化手段改造提升后，生产效率不断提高，养殖周期逐步缩短，养殖产能大为增加。近两年生猪养殖产能迅速增加，"工业化养殖"功不可没，但产能急剧上升又同时导致供求失衡、市场剧烈波动。养殖行业与调控管理部门应充分认识、尽快适应"工业化养殖"带来的变化，增强养殖业供求对接的管理能力，利用养殖集中度提升的便利有计划地进行养殖与供应，避免市场剧烈波动、价格大起大落。应利用大数据、智能化管理系统等实现对养殖生产与供应的实时监测与预警，充分发挥宏观调控的职能，有效调控产能，实行有计划、有管理的养殖与供求对接。

第三，合理布局乡村养殖业，形成种养结合的生态养殖循环模式。农村广阔天地是发展养殖业的天然场所，广大的农村地区具备发展养殖业得天独厚的地理条件，应根据地理区位、人口存量和资源禀赋规划乡村养殖业布局，将养殖业合理布局到农村地区，与种植业有机结合，加以充分利用。应践行绿色发展理念，大力发展种养结合产业，既要坚持以种定养，又要坚持以养定种，最终实现种养结合的生态循环发展模式。养殖业要和种植业有机结合，养殖业与种植业应有适当的配比，比如一头猪、牛需要配合多少饲料田、排泄废弃物循环利用的土地等。在家庭农场等新型农业经营主体内部实现种养殖有机结合，减轻工厂化、规模化养殖带来的废弃物污染难题。

第四，充分利用农村人力资源优势与土地优势，有针对性地培育中小规模专业养殖户。我国人口多、地域广、市场大，从养殖业稳定发展与保障市场需求两个角度看，中小规模养殖都必不可少，与大规模企业化、工业化养殖同样重要。即便农村劳动力大量外流、户数减少，我国农村还是具备较强的人力资源优势，应将农村人力资源优势转化为我国的养殖业优势，充分利用农村中的中老年闲散劳动力，有针对性地培育中小规模的专业养殖户。制定专门的中小规模专业养殖户培育计划，设立专门的支持项目，在养殖技术服务、收购、物流等方面给予扶持。增强对中小养殖户的服务，包括疫病防控、养殖技术指导、养殖废弃物循环利用等。对中小散养殖户统一开展疫病风险防控，提高养殖户对抗疫病风险的能力。支持中小规模养殖户养殖具有当地特色、生长期长、具有更高品质的畜禽品种。应充分利用农村闲置土地与场所、山地、丘陵地开展养殖，不宜全靠新占平川耕地来新上养殖项目。农业用地规划既要重视种植业用地规划，也要明确畜牧业用地规划，做好养殖用地的论证工作。立足需求创新完善养殖设施农业用地供给方式，适当增加养殖附属设施农用地规模，放宽设施、粪污处理等养殖附属配套用地规模的上限，建立健全规模养殖场设施用地行业标准。

第五，为中小规模养殖户制定差异化、包容性的环保与屠宰政策、标准。不能因提高环保、屠宰等标准遏制乡村专业养殖户的发展空间、生存空间。不能以所谓现代化的管理方式简单化、"一刀切"式地管理已经存在数千年的养殖业，应该为中小规模养殖户量身定制包容性的养殖政策与标准，特别是在环保与屠宰方面。农村空间广阔，生态系统包容性强，环境承载力强，不能简单以集约化养殖、集中废弃物处理的工场化养殖标准来对待。要根据养殖场所、周边空间与环境、配比饲料及废弃物循环利用土地等，为农村中小养殖户制定包容性的环保政策和标准。传统的农村养殖方式，即在农村喂、在农村宰杀，有其存在的合理性，要考虑到小农经济、农村自养自用、小范围售卖的传统，在定点屠宰方面，给予包容性政策。

第六，保障一定范围内的肉类生产供应能力，及时分析研判肉类供求形势与市场情况。一定区域范围内应该保有一定数量的畜禽养殖户或企业，保障本区域范围内的肉类供应，健全区域性肉类储备体系、应急体系。

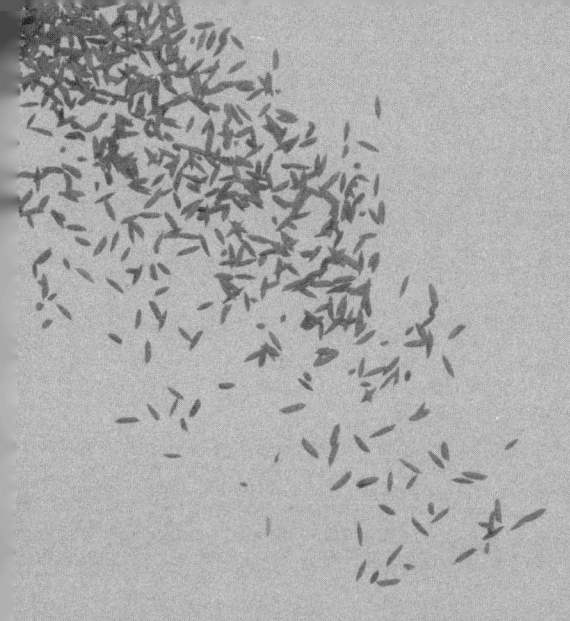

农业气候变局
暖湿化

我国北方气温升高、降水增加，对促进粮食作物生长、提高粮食单产与总产极其有利。气温普遍升高伴随着无霜期加长，延长了作物生长期，增加了农作物灌浆与干物质积累时间，整体促进农作物产量提升。气温升高对于平均气温低、无霜期短的北方地区更为有利。要抓住气候暖湿化机遇，打造大西北粮仓。

"好雨知时节，当春乃发生。"近些年来，我个人有个明显的感受是，北方的气温升高了、雨水增多了。我的老家山西过去"十年九旱"，但近些年雨水明显增多了，2021年居然发生了洪涝灾害。我现在生活的北京也有类似的变化。2023年，华北、东北等一些北方地区夏季降雨量较大，发生了较大范围的洪涝灾害。在2020年夏季的一个大雨天，我和同事伍振军博士聊天时，一致认为气候暖湿化对北方的农业是有利的，之后我们合作写了一篇报告《抓住气候暖湿化机遇，打造大西北粮仓》。我们认为，我国北方地区日照充足、土地广阔，但粮食生产长期受气温偏低、降水不足制约。在全球气候变暖的大背景下，我国北方地区气候暖湿化趋势显现。应顺势而为，在我国北方特别是大西北地区加大耕地开发力度，打造大西北粮仓。

干涸地区,久旱逢甘雨

我国北方暖湿化

首先需要明确的一个判断是：我国北方年均气温升高、降水增加，暖湿化趋势显现。提出气候暖湿化的判断还是比较大胆、超前的，当然这更需要气候数据的支撑。科学家竺可桢（1973）研究指出，5世纪末至6世纪初，我国曾进入一个长达500年左右的温暖时期。而葛全胜（2002）等研究认为，20世纪全球回暖升温幅度与5世纪末至6世纪的回暖极为相似。全球气候变暖促使我国北方地区年均气温升高、降水增加。我们初步判断，我国北方气候暖湿化趋势显现，或正在进入又一个较长的温暖时期。以下是相关气候数据，可以佐证我们的判断。

一方面，我国北方气温明显升高。根据联合国政府间气候变化专门委员会（IPCC）第五次评估报告，近百年来，全球升温已高达$0.85\sim0.89℃$。我国大陆年均表面气温升高过程与全球总体同步。根据《中国气候变化蓝皮书（2020）》，1951—2019年我国年平均气温每10年升高$0.24℃$，升温速率明显高于同期全球平均水平。数据和文献表明，我国北方气温升高幅度高于全国平均水平，更高于全球整体水平。《中国气候变化蓝皮书（2020）》指出，我国现代增暖最明显的地区包括东北、华北、西北和青藏高原北部。《中国气候变化蓝皮书（2023）》显示，2022年中国地表平均气温较常年值偏高 0.92℃，为 20 世纪初以来的三个最暖年份之一；1961—2022 年，中国平均年降水量呈增加趋势，降水变化区域差异明显，青藏地区平均年降水量呈显著增多趋势。赵东升等（2020）根据 1960—2018 年我国 483 个气象站观测数据分析提出，我国温度总体呈现显著上升趋势，平均增温速率为 0.278℃/10 年，而北方地区升温幅度大于南方地区。综合整理北方各大城市气温监测数据以及相关学术文献研究结论可以看出，我国华北、东北、西北地区总体升温趋势明显。以华北地区为例，1991—2017 年，华北地区主要城市北京、天津平均气温增幅约为 0.3℃/10 年，石家庄平均气温增幅约为 0.2℃/10 年；华北整体升温明显。

另一方面，我国北方降水量大幅增加。我国平均年降水量呈增加趋势，而北方地区降水量增加幅度更大。根据《中国气候变化蓝皮书（2020）》，1961—2019 年，我国年累计暴雨站日数呈增多趋势，平均每 10 年增加 3.8%。北方地区降水量增加更多，2019 年我国十大流域中东北的松花江流域、西北诸河流域分别比常年值偏多 31.5% 和 9.3%。根据中国天气网 2019 年发布的《500 年大数据告诉你：中国旱涝格局呈现周期性变化》一文，我国西北部干旱、半干旱地区近 30 年来降水持续增加，日渐呈现暖湿化倾向。2022 年，我们在新疆调研时了解到当地有暖湿化迹象。赵东升等（2020）的研究已提出，我国近 60 年来经历了一个以暖湿化为主要特征的气候变化过程，西北干旱区、青藏高原区和中温带湿润/半湿润区的湿润指数增大趋势非常显著。根据水利部数据，北方六区（松花江、辽河、海河、黄河、淮河、西北诸河六个水资源一级区，简称"北方六区"，包含东北、华北、西北大部分地区），20 世纪 90 年代中期年降水总量只有 16 000 亿立方米左右，而近 10 年已经稳定在年均 20 000 亿立方米以上，降水量增加约 4 000 亿立方米。其中，西北诸河区增加 500 亿立方米左右，松花江区增加 1 000 亿立方米左右，黄河区增加 1 300 亿立方米左右，增幅都很大。

气候暖湿化有利于我国北方粮食增产

我国北方地区粮食生产优势在于土地广阔、日照充足,但瓶颈是气温偏低、降水偏少。气候暖湿化有利于开发利用北方耕地后备资源与提高粮食及其他农作物产量。具体表现如下。

一是有利于开发利用北方耕地后备资源。耕地后备资源对保证粮食增产意义重大。我国地域辽阔,耕地后备资源的分布具有明显的地域不平衡性,东北、西北、华北等地区有广大而肥沃的土地资源,是最大的耕地后备资源库。特别是西北地区,耕地后备资源潜力巨大但开发力度较小,尤其值得重视。中国科学院自然资源综合考察委员会曾统计,我国西北区所在的温带半干旱、干旱耕地后备资源面积合计占全国耕地后备资源面积的42.3%。但长期以来,由于气温和降水的限制,严重影响其开发利用。近年来,随着气温升高和降水增加,大西北地区耕地面积逐步增加,耕地质量日渐提高。

二是有利于提高粮食及其他农作物产量。我国西北地区粮食总产量与单产都偏低。我国西北五省区（陕西、甘肃、青海、宁夏、新疆）地域辽阔,但2021年粮食播种面积仅约1.35亿亩,比山东省多1 034万亩,而粮食总产量仅4 715万吨,比山东一个省的产量还低785万吨。同样,西北五省区市粮食单产也相对较低。

我国北方气温升高、降水增加，对促进粮食作物生长、提高粮食单产与总产量极其有利。气温普遍升高伴随着无霜期加长，延长了作物生长期，增加了农作物灌浆与干物质积累时间，整体促进农作物产量提升。气温升高对于平均气温低、无霜期短的北方地区更为有利。

打造大西北粮仓

综合以上两个"有利于"，我们要抓住气候暖湿化机遇，打造大西北粮仓。具体举措有如下四点。

其一，应以西北五省区、内蒙古中西部、山西为重点开发区域，打造大西北粮仓。当前，我国粮食的主要生产地区位于东南地区、东北地区、中东部地区，但这些地区水土资源利用强度过大，资源约束趋紧。如东北地区黑土地退化、中东部地区的河北等地地下水位严重下降、南方地区农作物一年两熟或三熟以致地力衰退、南方粮食主产区易发洪涝灾害等，粮食增产潜力有限。未来，我国粮食增产潜力在幅员辽阔却较为干旱的大西北地区。一般来说，大西北指的是陕西、甘肃、宁夏、青海、新疆这西北五省区以及内蒙古中西部。我们认为，大西北还应将地处黄土高原、同样干旱的山西包括进来，形成更为广泛的、占我国国土面积1/3的大西北地区。大西北地区农业生产的最主要劣势是干旱少雨，而气候暖湿化恰好可以弥补这一不足。应顺应我国北方气候暖湿化趋势，因势利导，顺势而为，重点开发、强力打造大西北大粮仓，增强大西北地区粮食生产供应能力。应以黄土高原平川地区、新疆天山南北麓绿洲区、陕西渭河流域、河套平原、河西走廊等地区为核心，加大力度推进大西北粮仓建设。对这些重点区域的地形、土壤、气温、降水、太阳辐射总量等进行全面调查，对其可开发耕地资源及粮食生产潜力进行全面评价。加大财政、金融、投资力度，全面改善大西北地区粮食生产基础设施条件，打造一批国家级粮仓。

其二，实施大西北耕地数量、质量双提升计划。气候暖湿化非常有利于拓展耕地数量，提高耕地质量。应借助气候暖湿化的天时，实施大西北耕地数量、质量双提升计划。首先，应拓展耕地数量。将数量可观的耕地后备资源开发转化为可用耕地。按照标准化种植、规模化经营、机械化作业、节水节能等农业科技应用要求开展土地整治，把小块耕地变为大块耕地，为粮食生产降成本、提效率奠定基础。其次，应改善土壤土质。我国西北干旱、半干旱地区的土壤沙化、板结、盐碱化情况比较严重，气候暖湿化将逐步缓解这些问题，同时也应采取有针对性的土壤改良措施，把低质量耕地转化为高质量耕地。

其三，加强大西北农田水利设施建设。河流蓄水量增加为大西北地区建设并利用农田水利设施提供了有利条件。应增加大西北地区农田水利投入，加强对潜在粮食主产区、潜在商品粮基地的大中型抗旱水源工程、引水排水工程的建设，促进大中型水利工程和农村中小型水利设施的有效衔接。降低节水灌溉技术应用难度与成本，促进节水灌溉技术向着低劳动强度、便捷化、机械化方向发展。同时，还应在大西北地区大力推广节水灌溉技术和粮食作物节水种植技术。

其四，研发适应大西北气候暖湿化的农作物品种。粮食品种更替是顺应气候变化、增加粮食产量的关键技术措施。应结合大西北地区气候条件，加快选育适应当地气温和降水变化、适应暖湿化趋势的本土化农作物品种。

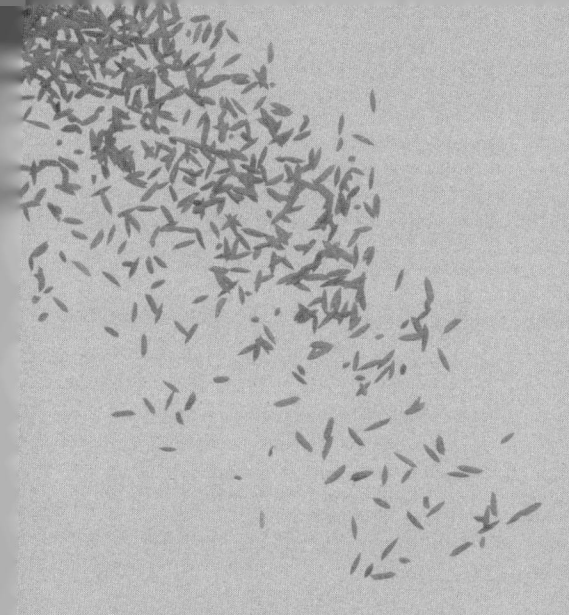

农业经营方式变局
家庭农场

　　家庭农场的优势之一就是其有权自主进行种养殖决策来获取收益。例如，家庭农场主愿意半夜起床挤牛奶，公司制农场的雇工或许不愿意这样。需要注意的是，小农（普通农户）迈向家庭农场是一个循序渐进的过程，不能单纯为了追求农业经营规模而强迫或诱导农民流转土地，不能简单归大堆、垒大户式地拼凑家庭农场。

随着农业农村经济社会环境的变化，农业经营方式正在发生深刻变革，越来越多的小农经营正在逐渐成长为家庭农场经营。2014年10月，我曾在《农民日报》发表《从小农迈向家庭农场——中国农业走出"小农困境"之路》，后根据2015年在美国杜克大学访学之际的调研成果，于2016年初在《中国经济时报》发表《家庭农场是农业经营方式的主流方向》。从近年的情况看，我国的家庭农场在政策指引与支持下得到蓬勃发展。到2020年，农业农村部门名录管理的家庭农场数量达到348万个，经营土地面积4.67亿亩，其中经营耕地面积3亿亩，种粮家庭农场种粮面积2亿亩，家庭农场对于促进农业规模化、现代化起到积极作用。2023年，我在安徽淮南、江苏泰兴等地调研发现，家庭农场发展势头良好，不少家庭农场的经营模式、盈利都比较稳定，已经具备长期健康发展的基础。

家庭农场是全球最为主要的农业经营方式

家庭农场在现代农业发展中发挥了至关重要的作用，各国普遍对家庭农场发展特别重视。在当前农业市场化与全球化背景下，我国农业陷入"小农困境"，延缓了农业现代化步伐。而家庭农场是助推我国农业走出"小农困境"的关键。与公司制农场和集体农场相比，家庭农场具有经营经济性，这是家庭农场长盛不衰的要诀。

家庭农场在世界农业中的地位至关重要。国际上对于家庭农场并没有统一的定义。联合国粮农组织定义家庭农场为"主要由家庭劳动力管理经营农业、林业、渔业、畜牧业生产的农业经营方式"。家庭和农场结合为家庭农场，融入了经济、环境、社会和文化功能。美国20世纪70年代初提出家庭农场的三条标准：一是由家庭成员经营管理；二是家庭承担风险；三是家庭必须提供本农场一半以上的劳动力。被认定为家庭农场才能享受政府优惠政策。美国农业部经济研究局定义家庭农场为"主要经营者有血缘或婚姻关系，拥有一半以上农场经营业务的农场"。

家庭农场在全球食物生产中扮演了关键角色。基于105个国家和地区的国际农业普查数据分析显示，家庭农场占全球所有农场数量的98%，4.83亿样本农场中有4.75亿为家庭农场，至少占有53%的农地，以及生产至少53%的食物。联合国粮农组织《粮农状况》利用30个国家的农业普查数据估计，全球5.7亿个农场中有5亿是家庭农场，拥有75%的农地。

截至2012年，美国有217万个农场，平均规模421英亩（约合2555亩）。家庭农场一直在美国农作物农业（即狭义的农业）中占据主导地位。2011年，96%的美国农作物农场是家庭农场，其农产品产量占全国总量的87%。2019年，家庭农场占农场总数的比例为98%，农产品产量占全国总量的86%。我调研的美国北卡罗来纳州有5万个农场，平均规模为170英亩（约合1032亩），大约95%~98%为家庭农场。

许多国家都重视并支持家庭农场发展。美国农业部下设农场服务署，通过全国性公共服务体系，负责实施农业政策，管理农场信贷项目、生态保护、农产品产供销储服务、灾害援助、价格支持等。美国联邦政府通常提供农场主收入补贴和农作物自然灾害保险补贴。2014年以来，支持政策有所调整。新农业法案（2014—2018）取消了直接支付补贴项目，同时加强政府对农业保险的补贴力度，对农场主在遭受自然灾害和市场波动损失时给予补偿。美国的州政府也通过一些项目支持家庭农场。例如，北卡罗来纳州实施农业发展和农地保护项目，通过保护农地来促进家庭农场的发展及可持续性。美国农场主们通常会成立农场协会，为农场提供生产、经营、信贷等方面的服务，并向政府游说争取利益。农场协会经常为农场主们举办各种培训活动，我曾为北卡罗来纳州农场协会介绍中国农业情况，农场主们格外关注美国出口中国农产品事宜。

家庭农场是助推我国农业走出"小农困境"的关键

谈论到我国的家庭农场，就不得不提出小农概念。小农意指经营规模小的农户或农民，其经营土地规模小于其经营能力可以耕作的土地。小农农业指小农经营的小规模农业。据赵冈等《中国土地制度史》介绍，秦汉到南北朝期间，农户经营规模为户均50~60亩，由于受农业技术条件所限，农户无力耕种再多的土地，农户经营规模与经营能力匹配。隋唐以后，我国人口增长超过耕地面积增加的速度，且随着农具、施肥等农业技术的改进，人地关系开始紧张。唐朝实行均田制，一户以65亩为上限，农户实际经营规模往往达不到这个上限。北宋初期，户均耕地减少为 40 亩。南宋时期，绝大多数农户的耕种面积都在 25 亩以下。明清时期，户均耕地更是逐渐减少。到 1936 年，户均耕地只有 18.4 亩，农民人均耕地 3.6 亩。可以说，自隋唐以后，我国的农户才能被称为小农，小农农业开始形成。

中华人民共和国成立以后，随着人口增长和农业技术进步，人地关系显得更加紧张，小农经营规模更加变小。目前，我国农户户均耕地规模不足 10 亩，且地块零碎。可见，隋唐以降的上千年来，农户经营规模逐渐减少至经济上越来越不合理的低水平，农户有能力耕种的规模远大于他实际耕种的，农业剩余劳动力逐渐增多，农户已经成为典型的小农，农业成为典型的小农农业。

小农农业陷入低水平发展困境。长久以来，我国依靠精耕细作的小农农业养活着世界上最多的人口。但也不可否认的是，我国人多地少、人地矛盾突出，农业经营规模太小以致经济不合理。单位面积上的耕种、施肥、打药、收获等农业生产成本高，先进农业机械设备使用不便，制约了农业生产效率的提高，缩小了农业收益空间。以种粮农户为例，稻谷、小麦、玉米三种粮食平均每亩净利润仅百元左右，户均收益仅千元左右。我国小农农业陷入"小农低水平发展困境"（简称"小农困境"），小农农业属"薄利农业"，生产效率低，单位面积收益与总收益低，限制农业投入能力、降低投入热情，导致农业技术应用缓慢，土地经营粗放甚至撂荒，小农农业低水平循环，难以迈向现代化。

随着农业市场化与全球化，小农农业不可避免要受到国内和国际农产品市场的影响，国际市场粮食等主要农产品价格持续低于国内市场，进口连年增长，农业增收困难，小农农业承受着巨大的压力，"小农困境"愈发明显。

小农进化为家庭农场是摆脱"小农困境"的有效途径。原农业部于2014年发布了《关于促进家庭农场发展的指导意见》，定义家庭农场为一种新型农业经营主体，有三点主要特征：一是家庭农场经营者和劳动者主要是家庭成员；二是家庭农场专门从事农业；三是家庭农场经营规模适度，收入水平能与当地城镇居民相当。这与联合国粮农组织和美国农业部对家庭农场的定义相似。简而言之，家庭农场就是主要由家庭劳动力经营的具有适度规模的农场。而具有适度经营规模的农户，如种养殖大（农）户，实际上就是家庭农场。

农户经营规模一旦达到与其劳动力和经营能力相匹配的合理水平,小农经营就会迈向家庭农场经营,农业经营状况就会好转,农业收入就会增加并与非农就业收入相当。以粮食生产为例,原农业部调查测算数据显示,按生产条件,播种面积是否达到100~120亩是区分小农与家庭农场的规模标准。而据联合国粮农组织的研究显示,经济作物不低于170亩、粮食作物不低于300亩的农业经营规模才具有国际竞争力。未来,家庭农场和小农都将是我国农业经营的主体,但适度规模的、由职业农民经营的家庭农场才是我国农业走出"小农困境"的载体,是小农农业脱胎换骨的方向。

家庭农场与公司制农场是国际上两种主要的农业经营方式。而我国应坚持把家庭农场而非公司制农场作为未来农业经营方式的主流方向。家庭农场为什么是全球最普遍的农业经营方式,而非像其他行业中公司经营方式占主流?相较公司制农场或集体农场,家庭农场具有经营经济性,主要体现在更加有效的决策和更少的监督成本,这一内在的经济优势使得家庭农场长盛不衰。农业是天人合一的产业,农民可以根据天气变化和动植物生长发育情况及时作出决策,家庭农场中成员间几乎不需要监督成本。相

家庭农场经营

反，在公司制农场或集体农场中，监督雇工难，监督成本高。因此，20世纪50年代中期至70年代末期，我国曾实行的集体化农业缺乏效率，导致食物短缺。美国公司制农场同样面临类似的问题，而不得不混合使用家庭农业。

例如，都乐食品（Dole Foods）公司曾经在加利福尼亚州和亚利桑那州直接经营大片的农场。但如今在这些州，公司从购买该公司土地的土地所有者手上租赁了1.4万英亩土地，其中多数土地由与都乐食品公司有协作契约的独立家庭农场耕种。这说明家庭农场是相对最为持久稳固的农业经营方式。北卡罗来纳州农业和消费者服务局农业项目专家法雷尔女士（Beth P. Farrell）告诉我，家庭农场的优势之一就是其有权自主进行种养殖决策来获取收益。例如，家庭农场主愿意半夜起床挤牛奶，公司制农场的雇工或许不愿意这样。法雷尔女士认为，农业公司用不着自己拥有土地，公司和家庭农场签订合同就行；只有少数农业公司为了进行农业技术研究及示范推广才持有自己的土地。在我国，关于公司制农场还是家庭农场将来应成为主流的农业经营方式存在争议。

家庭农场将是未来最主流的农业经营方式

家庭农场将在农作物种植等农业产业中占据主导地位。尽管公司制农场将增加、扩张并在一定程度上引领畜牧业等资本、技术密集型农业，但不会成为农业经营方式的主流方向。

国际经验与国内现实都表明，家庭农场是发展现代农业最重要的经营主体，应给予其重点支持。首先，我国应提出明确的家庭农场发展战略，加强管理与服务。从战略高度上重视家庭农场对农业的重要性，制定未来长远的家庭农场发展规划。增强对家庭农场的管理与服务职能，可以参照国际经验在农业部门中成立专门服务于家庭农场、公司制农场以及普通农户的服务机构。积极发展融合培训、保险等服务经营内容的家庭农场协会，提高家庭农场组织自我管理、自我服务的能力。其次，赋予家庭农场法律地位。普通农户发展为家庭农场是自然而然的过程，为适应家庭农场正规化发展和市场经营需要，并有别于普通农村承包经营户，有必要在法律地位上赋予家庭农场独立的市场地位。最后，政策上重点扶持家庭农场发展。近年来，一些地方已经实施了促进家庭农场和适度规模经营发展的支持政策。2015年以来，中央也开始调整财政补贴政策以支持家庭农场及其他适度规模经营主体。未来，财政补贴、土地改良与保护、农业技术推广、农业保险、农业信贷、农机补贴等政策措施都可以重点支持家庭农场发展，为实现我国农业现代化创造基本条件，以提高农业经济效率、打破"小农困境"。

农村城镇化有助于土地流转与家庭农场扩展，应建立健全土地经营权流转制度，稳定发展家庭农场。随着农村城镇化以及农民老龄化，更多农民流转出土地；更少的人经营农业，并且可以买到或租到更多的土地，从而扩大农场规模。据美国农业部2012年农业普查，非经营土地所有者的平均年龄为66.5岁，而农场经营者的平均年龄为58.9岁。在北卡罗来纳州，有74 817户农场土地所有者和50 218户农场经营者。这意味着大约有1/3农场土地所有者出租土地给经营者。此外，高风险和低利润给家庭农场带来压力并促使家庭农场扩大规模。近年来，许多规模较小的家庭农场经营困难。即便在具有农业国际竞争力的美国，在拖拉机、种子、化肥、租金等支出压力之下，一些家庭农场也只能获得很少利润，以致部分撤出农业。在北卡罗来纳州，从2007年至2012年，农场数量从52 913户减少到50 218户，5年间减少5%。同时，农场平均规模从164英亩（约996亩）增加到170英亩（约1 032亩），增长了4%。

  在我国，农村土地经营权流转将促使更多的小农转变为家庭农场。城镇化和工业化进程中，农村劳动力从事农业的比重日趋下降。2022年底，我国农民工数量为2.9亿，其中外出农民工为1.7亿。近2亿的新生代农民工基本上不会务农，将来也不会以农为生。从长远看，他们具备了脱离农业、脱离土地的可能。在东部沿海发达地区和部分大中城市的近郊区，以及农村劳动力大量外出打工的中西部一些地区，已经具备土地适度规模经营的条件。2021年，我国家庭承包耕地土地经营权流转面积已达到5.57亿亩，比2010年增长了3.5亿亩，占全国家庭承包经营的耕地面积的35%，有7 586万农户流转出承包耕地。家庭农场与适度规模经营起步发展。

  不过，我国家庭农场的发展并不稳定。最为重要的原因是家庭农场缺乏稳定的土地产权，农村土地经营权流转制度及体系还不成熟。土地经营权不稳定导致家庭农场规模与经营的不确定性。因此，应逐步建立健全稳定的土地经营权流转制度，完善各级土地经营权流转市场体系，做好土地经营权流转法律服务和纠纷仲裁工作，以稳定土地流转关系，稳定家庭农场发展，保障流转双方利益。需要注意的是，小农（普通农户）迈向家庭农场是一个循序渐进的过程，不能单纯为了追求农业经营规模而强迫或诱导农民流转土地，不能简单归大堆、垒大户式地拼凑家庭农场。

农业机械化与家庭农场互相促进，应大力支持农机产业升级和农机社会服务业发展。农业机械化会促进家庭农场发展，家庭农场发展也有利于推进农业机械化。农业规模化经营需要家庭农场花费资金购买农业机械。我调研到的北卡罗来纳州博福特县阿奇·格里芬（Archie Griffin）的农场，耕种收都已经实现自动化作业，设定好程序后，农业机械就可以依照定位系统准确地耕种与收获。阿奇购买1台大型拖拉机及配置自动化设备需要将近100万元人民币，他经营着1 450英亩（约8 802亩）的土地，有价值上千万元人民币的各类农业机械。一般情况下，普通家庭农场没有足够的资金并缺乏信贷渠道，多数需要金融支持或购置补贴。我国农作物耕种收综合机械化水平已达到72%。今后，农业机械化与家庭农场发展将相伴随行，互相促进。政府应进一步引导支持农业机械产业升级，将信息化、数字化与农业机械化融合,应用互联网、物联网技术,建立农机管理与作业信息服务体系,提升农业机械化水平,促进农机装备智能化,引领智慧农业发展。提供更多的农机补贴给家庭农场或农机合作社,大力发展农机合作社,为家庭农场提供便捷、经济、高效的农机社会化服务。

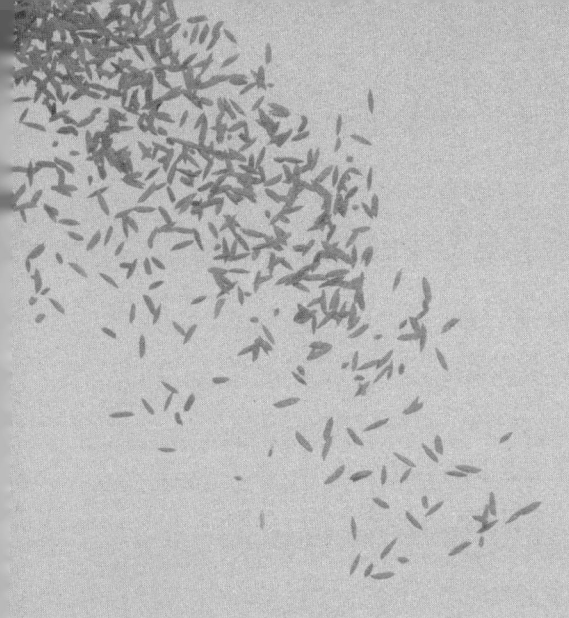

承包地变局
延包中放活

农业农村经过几十年的发展变化,"耕者有其田"发生变化,一些"不耕者"有田,一些"耕者"田不足。"土地延包"试点中反映的人地矛盾是承包户与集体土地的分配不足矛盾,但实际上更深层次的人地矛盾是真正的农业生产经营者耕地少、经营规模不足的矛盾。

土地是财富之母,是乡村最重要的生产要素,土地制度改革是乡村振兴的动力源泉。土地不仅是有形的,更是可感的、带香味的,"谁家新燕啄春泥",乡村土地的香味更甚,雨后的土地、被犁和铁锹翻过的土地,都会有种浓浓的独属于土地的芳香。混合着微生物等有机质的土地是独属于地球的,而地球是已知的宇宙中唯一适合人类等动植物生活的星球,地球上的适合人类生存的土地是先于人类而存在的,这是个奇妙的现象,我们都应为生活在此感到幸运。

人类产生之初,尚没有城市,无所谓城乡。土地,自古以来,就是人赖以生存的场所,是人的生产资料、居住地,是上天赐予的财富。"土地是财富之母,劳动是财富之父",这是英国古典政治经济学创始人威廉·配第《赋税论》中的名言,马克思在《资本论》中引用并用以分析劳动价值论。城市产生之后,财富以其他形式体现并超越土地,如与土地不可分的房地产、金融、科技、工业制成品等。但在乡村,最主要的财富是土地,亘古未变,人们在土地上,日出而作,日落而息,凿井而饮,耕田而食。

土地是自然资源,能供植物生长、供人和动物繁衍生息,这是土地的自然属性;土地是财富、财产,具有稀缺性,有价值和价格,这是其经济属性。土地的经济属性决定了需要土地制度、法律和政策来界定土地的权属、保护土地的权利。土地是乡村最重要的生产要素、最重要的财富,但土地充分体现价值、发挥效用有赖于土地制度根据乡村经济社会环境的变化而不断改进,"问渠那得清如许?为有源头活水来"。

我国农村第二轮土地承包将于2024年至2028年批量陆续到期,第二轮土地承包到期后再延长30年(以下简称"土地延包")将是今后五年最为基础、重要的一项"三农"工作。当前,一些地区正在开展"土地延包"试点工作。

延续土地承包关系是"土地延包"政策的基本原则

《中华人民共和国农村土地承包法》规定,保持农村土地承包关系稳定并长久不变。习近平总书记2022年12月23日在中央农村工作会议上的讲话指出,"深化农村改革,必须继续把住处理好农民和土地关系这条主线","各地第二轮土地承包正陆续到期,要扎实做好承包期再延长30年的各项工作,确保大多数农户原有承包权保持稳定、顺利延包"。第二轮土地承包到期后再延长30年是保持农村土地承包关系稳定并长久不变的政策体现,"土地延包"政策应当延续的主要内容即延续农村土地承包关系,这是此项政策的基石。近几年,试点地区也以此为基本准绳,开展"土地延包"工作。

处理好农民和土地关系这条主线,必须延续农民与集体的农村土地承包关系。一是延续农村土地集体所有、农民家庭承包经营的关系,延续两个主体的权利以及义务。农民集体是土地所有权的主体,是发包方;农民家庭是土地承包经营权的主体,是承包方。二是延续土地承包期限。《中华人民共和国农村土地承包法》规定耕地的承包期届满后再延长30年,这是"土地延包"30年的法律依

土地延包、流转

据。三是延续"延包"原则和"大稳定、小调整"原则。《中共中央 国务院关于保持土地承包关系稳定并长久不变的意见》（2019年）规定，第二轮土地承包到期后应坚持延包原则，不得将承包地打乱重分，确保绝大多数农户原有承包地继续保持稳定。对特殊情形，可按照"大稳定、小调整"的原则在个别农户间适当调整。

当前人地形势是"土地延包"政策的基本背景

我国农村改革之后，第一轮与第二轮承包期总计45年，农村土地承包政策稳定并将延续，但40多年来，农村形势特别是人口与土地形势发生了很大变化，制定"土地延包"政策应当紧密结合当前农村人地形势。

第一，农村人口和农业劳动力减少，大量土地承包户不务农，"人户分离""人地分离"现象明显。我国农村人口于1995年达到8.6亿的峰值之后开始下降，2022年为4.9亿，占总人口比重降至35%；第一产业（农业）就业人员于1991年达到3.9亿的峰值，2021年降至1.7亿，占就业人员比重降至22.9%。而在2021年，我国农民工总量已达2.9亿，农村户籍人口比常住人口多约2.8亿，这意味着大量农村土地承包户已不务农或不以农业为主业。

第二，土地经营权流转比例较高，适度规模经营成为趋势。截至2021年底，全国家庭承包耕地土地经营权流转总面积5.57亿亩，占家庭承包经营耕地总面积15.75亿亩的35%。不少农户已经完全不经营耕地，2021年未经营耕地的农户为3 783.9万户，占农户总数的12.2%，比上年增长18.1%。2020年，我国农业农村部门纳入名录管理的家庭农场中，农业（种植业）家庭农场数为232.3万个，经营耕地面积3亿亩，占家庭承包耕地总面积的19%，平均经营耕地面积130亩，适度规模经营已逐渐成为趋势，人地关系结构性均衡，规模经营户以农为生、以农致富成为现实。一些发达地区的规模经营程度较高，我们调研的试点地区——江苏省泰兴市，农村土地经营权流转率达到80%，其中，清水村土地经营权流转面积2 799亩，占本村耕地总面积的86%，流转给3个本村大户、4个安徽省巢湖市的大户耕种，户均经营面积400亩、年纯收入10万元以上；西江村的2 700多亩耕地流转给4个大户耕种（两个本村的、两个安徽的），户均经营面积约675亩。

第三，高标准农田建设持续推进，小块承包地集中连片。到 2022 年底，全国已累计建成 10 亿亩高标准农田，未来，15.46 亿亩永久基本农田要全部建成高标准农田。成规模的平整土地、田块整治以达到集中连片是高标准农田建设的基本内容，这与过去一家一户小面积小块承包耕作的物理形态和经营形式截然不同。

  第四，第二轮承包以来，农村积累了一些人地矛盾。从第二轮承包开始至今已 20 多年，农村中承包户、家庭人口、土地面积发生了很大变化，与当初按人口平均分配土地的情形不尽相同。除了大多数承包地与人口基本稳定匹配的承包户外，既有死亡绝户、丧失集体成员资格等注销户，也有具备资格却未承包土地、将承包地转让、新增承包户等无地户，还有承包户家庭人口增加较多、因征占土地而失地等人地矛盾突出户。譬如，泰兴市清水村试点延包后，有注销户 21 户、承包农户 912 户、面积不变直接顺延承包的 829 户，共占比 91%；因分户、并户等原因导致承包面积发生变化后再行延包的有 83 户，占比 9%，其中，为 9 户无地户分配土地 5.81 亩，为 5 户人地矛盾突出户分配土地 2.17 亩。

把握好人地关系，制定"土地延包"政策

"土地延包"工作中，既要稳定土地承包关系，还要以此为契机，以人地关系为基本线索，处理好农民和土地关系，积极主动开展"土地延包"试点，制定健全"土地延包"政策，进一步完善农村土地承包经营制度，改革有关配套制度。具体举措如下。

其一，把握好人与地的生产关系，完善农村土地承包经营制度。人与地的关系，农民与土地的关系，最根本的是农业生产关系。农村土地承包经营制度是农民与土地的农业生产关系的概括。农业生产力决定农业生产关系，农业生产关系要适应农业生产力发展。习近平总书记在2022年底召开的中央农村工作会议上提出，到本世纪中叶建成农业强国——这与"土地延包"30年的时间基本一致。农业强国必然要求农业生产力强。农村第一轮、第二轮土地承包以来，我国农业生产力已经取得长足发展，"土地延包"后，农业生产力还将进步。为适应、促进农业生产力持续发展，让农业生产关系的改进跟得上农业科技、机械化、智能化等农业生产力的提升，对标建成农业强国目标，需要不断完善农村土地承包经营制度，完善以家庭承包经营为基础、统分结合的双层经营体制，完善农村土地所有权、承包权、经营权"三权"分置制度，完善土地经营权流转管理制度等。

其二，把握好人与地的承包与经营关系，处理好农户承包与农业经营的关系，"土地延包"政策既要延续承包权还要延续经营权。第二轮土地承包以来，农村中人与地的承包与经营关系已经发生了很大变化，存在大量不在村、不务农的承包户，流转土地的专业经营户增加，承包户与承包地的"人地分离"情况普遍存在且越来越多。大量农户的承包地流转给家庭农场等专业的新型农业经营主体，既是现实也是趋势。"土地延包"中，稳定并保障农户的承包权利是基本原则，但与此同时，还要处理好农户承包与农业经营的关系，处理好承包权与经营权的关系，为农业强国奠定经营基础。既要保障离乡进城农民的土地承包权利，也要保障在村经营户、新型农业经营主体流转土地的经营权利。随着二轮承包到期，各地农村承包地的经营权流转期限也即将陆续到期，"土地延包"政策不仅应延续承包权，还应稳定延续经营权，既要给承包户颁发承包权证，也要给长期流转土地的经营主体颁发经营权证，合理延续土地经营权流转合同及期限，稳定新型农业经营主体预期，稳定农业生产经营活动。

其三，把握好农户、农民集体与土地的统分结合双层经营关系，"土地延包"中处理好土地股份"延包"、集体机动地分配、"小田并大田"确权等情况。以家庭承包经营为基础、统分结合的双层经营体制是农村基本经营制度。当前，农户家庭承包经营明显分化，既有传统的家庭承包且经营，还有家庭承包但不经营，以及家庭流转来土地经营，甚至还有家庭专业化田间管理、农业生产服务式经营。统分结合的双层经营体制中，除了这些不同的家庭经营的"分"的形式，还有集体经营、合作经营、社会化服务组织经营等"统"的形式。农村实行土地承包经营制度以来，统分结合的双层经营体制中，"分"多"统"少、"分"强"统"弱，存在"统"的短板。近年来，"统"的经营形式正在加强。"土地延包"中，体现"分"的优势、延续"分"承包地的制度应当坚持，但也应当肯定"统"的价值、认可"统"的一些做法，处理好农户、农民集体与土地的统分结合关系。广东、苏南等一些经济发达地区不少农村实行了土地股份合作制，在2018年年底前基本完成的承包地确权登记颁证工作中，一些地区实行了确权确股（份）不确地（块）。"土地延包"时，根据土地经营客观情况，承包户可以"延包"集体的具体的地块，也可以"延包"集体的土地股份，但股份的权利和权益必须是明确具体的。通过"延包"土地股份，延续实践中存在的"统"的经营方式，完善统分结合的双层经营体制。此外，因农民进城落户、绝户、土地撂荒等影响，集体机动地将增加，不能简单将集体机动地一分了之，而应根据人地形势及经营方式的变化，既可以将集体机动地分给无地户或人地矛盾突出户，也可以合理分配其土地股份及权利权益，顺势加强"统"的经营体制和经营方式。正如泰兴市西江村党总支书记周建中所言，"农民要地要的不是那块地，而是权利，许多农民要了地，自己也不种"。相应调整完善《中华人民共和国农村土地承包法》第六十七条表述，"本法实施前已经预留机动地的，机动地面积不得超过本集体经济组织耕地总面积的百分之五。不足百分之五的，不得再增加机动地。本法实施前未留机动地的，本法实施后不得再留机动地。"一些地方结合农田建设、土地整治探索"小田并大田"，其中涉及承包田块合并、承包地界及田坎整合、集体统一规模化发包土地等新情况。为长远解决我国土地经营细碎化问题，"土地延包"政策应鼓励承包户的地块合并，规范承包地块"四至"边界及确权"数字化",稳妥处理好集体统一规模化发包土地情形下"延包"承包地块或土地股份等类型。

其四,把握好人与地的平均分配与市场化配置关系,此次"土地延包"后应由平均分配转向市场化配置。农村第一轮、第二轮土地承包都采用按人头平均分配集体土地的分配方式,实现"耕者有其田"。农业农村经过几十年的发展变化,"耕者有其田"发生变化,一些"不耕者"有田,一些"耕者"田不足。"土地延包"试点中反映的人地矛盾是承包户与集体土地分配不足的矛盾,但实际上,更深层次的人地矛盾是真正的农业生产经营者耕地少、经营规模不足的矛盾。土地承包制土地分配的均衡性与农业生产经营规模的不充分性产生了矛盾,应从深层次上完善土地承包与经营关系,处理好起点分配公平与市场配置资源提高效率的关系。此次"土地延包"中,应在以往平均分配承包地的基础上,一次性确定农户家庭的承包地及其权利。"土地延包"后,未来人地配置关系应以"耕"与"不耕"为主要依据,从无偿平均分配式承包为主转向有偿市场化配置土地资源为主,以市场化方式调节人地经营不足矛盾,鼓励承包户"不耕者"自愿、有偿地转让、退出承包地,让真正经营户"耕者"以市场化方式实现规模化经营，充实农业经营者的土地生产资料。

其五，把握好人与地的保障关系，推进农民以土地保障为主转向专门的社会保障为主。长期以来，土地不仅是农民的生产资料，而且是农民的生存保障，不仅具有经济生产功能，还有社会保障功能。因此，一直以来，农村土地承包经营制度安排既着眼农民的农业生产又兼顾生活保障。当前，农民的养老保障、医疗保障等社会保障体系已初步建立，城乡社会保障逐渐融合，数亿农民非农就业、离乡进城，附着在承包地上的社会保障压力减轻。"土地延包"应考虑这一变化，探索改革有关配套政策，推进农民以土地保障为主转向专门的养老、医疗、失业保障等社会保障为主。对于条件较好、有稳定就业的进城务工承包户，以及不具备农业生产能力的老年承包户等，可以在总结一些地区"土地换社保"做法经验的基础上，尊重农民意愿，探索以农民的承包地权益置换社会保障权益。在"人地分离"明显、土地承包权与经营权分离明显的农村地区，探索农业补贴与社会保障补贴统筹改革，针对一些以承包地为补贴对象的农业补贴实际上已异化为承包户收入补贴的情况，可将这些农业补贴部分转变为对承包户的社会保障补贴、部分转化为对经营户的真正农业补贴，增强对这类承包户的社会保障资金和能力。与此同时，应合理指导并适当降低这类承包户的承包地经营权流转费，降低农业经营户乃至我国农业生产的土地成本。

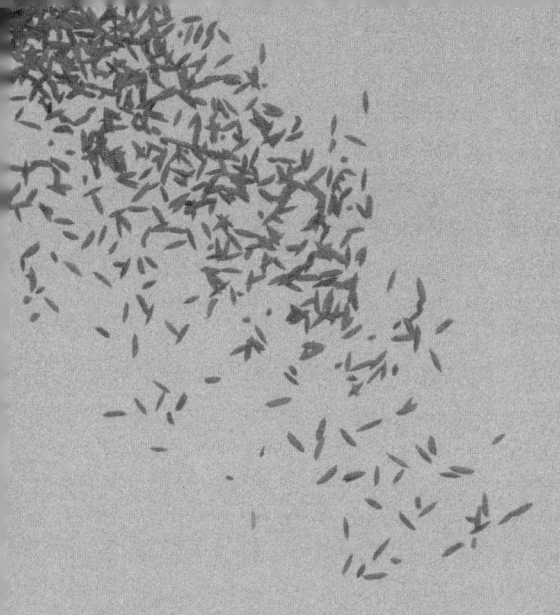

承包地退出变局
人地分离

　　农民承包地退出实质上是农民承包土地的承包权的退出，事关农民的切身利益，急不得，但也慢不得，一些进城农民需要这样一个制度通道。提个简单的类比问题，如果你在城市的商品房不得交易，这是保障你的权益还是阻碍权益的实现？

城镇化过程中，亿万进城农民与农村承包地出现临时性、阶段性"人地分离"。党的十八届五中全会立足于城乡大变革的时代背景，提出进城农民承包权转让这一重大问题。农村土地承包经营权转让是承包地退出的一种形式，2021年，我国农村土地承包经营权转让面积为1 427万亩，表明承包地退出已开始迈出脚步。我们曾在对重庆市梁平县（现梁平区）、安徽省定远县等地的调研中发现，农民承包地退出试验可行，可在更大范围内推广，应进一步建立农民承包地退出制度，赋予进城农民退出承包地的选择权，对有条件、有意愿的农民实现与承包地的长久有偿性"人地分离"。

承包地退出试验

2014年底，重庆市梁平县作为原农业部等13个部门联合确定的第二批农村改革试验区,开始承担农民土地承包经营权退出试验任务。2015年底,党的十八届五中全会提出,维护进城落户农民土地承包权、宅基地使用权、集体收益分配权,支持引导其依法自愿有偿转让上述权益。2016年,《国务院关于实施支持农业转移人口市民化若干财政政策的通知》要求,逐步建立进城落户农民在农村的相关权益退出机制,积极引导和支持进城落户农民依法自愿有偿转让相关权益。农民承包地退出制度正在试验中逐渐成形。

2015年,梁平县制定《农村土地承包经营权退出试点实施办法(试行)》,选定礼让镇川西村、屏锦镇万年村等村开展农民承包地退出转让试点试验,主要做法如下。

第一,结合进城农户和用地主体需要,设定承包地退出模式。考虑到进城农户和用地主体双方的需要,梁平县制定了两种各具特色、互为补充的承包地退出模式。一是"整体退出、集中使用"模式。这种模式要求退地农户必须以户为单位,整体放弃承包地。集体经济组织向退地农户支付补偿后,农户彻底放弃土地承包经营权。村集体通过"小并大、零拼整"的方式,将农户退出的承包地集中连片和土地整治后,统一对外出租或重新发包。川西村农民退地以这种模式为主。二是"部分退出、进退联动"模式。这种模式一般先由农业经营主体提出对某一地块的使用意向，经集体和承包户同意后，再由三方议定退出补偿标准、集体与承包户的收益分配、各方权利义务等。用地主体支付租金后，在合同期内获得该地块的经营权。这是万年村农民退地的主要模式。

第二，为防范社会风险，对退出承包地的农民设定前置条件。为避免因承包地退出引发社会问题，梁平县对以户为单位的承包地整体退出，设置了严格的前置条件。凡是申请整体退地的农民，必须具备两个条件：一是有稳定的职业或收入来源；二是户主本人在本集体经济组织以外有固定住所，或户主子女有城镇住房。梁平县通过设置严格的退出条件，让有能力、有意愿的农民退出承包地，有效消除了农民退出全部承包地后成为无业游民的风险。

符合上述条件的农户，一般都是农民中的佼佼者。他们有稳定的非农职业和收入，长期定居城镇，其工作和生活已经脱离了农业农村，对农村土地的"生存依赖"基本消失。川西村的冯辉路今年 60 岁，一直在外打工，已 20 年不种地，大儿子在福建厦门开公司，二儿子在广东中山上班，他和老伴年纪再大些就随儿子们生活。我们调研时，冯辉路刚好专程回村来办理退出承包地的事宜，退出6.42亩承包地可以拿到近9万元的退地补偿，他家很乐意。

第三，综合各方因素，确定退出补偿标准。确定补偿标准，关系到承包户、集体经济组织、承接方及地方政府的利益，是承包地退出试点工作的重要环节。统筹考虑经济发展水平和日后政府征地工作需要，梁平县按照"合法、合理、可操作"的原则，兼顾国家、集体和个人三方利益，对承包地退出补偿标准做了三点规定：一是由集体经济组织与自愿退地的农民协商，并经集体民主讨论确定；二是考虑不同土地类型、不同地理位置，结合二轮承包期剩余年限和当地土地流转价格，适当考虑承包关系"长久不变"因素；三是原则上不得超过同期国家征地补偿标准。试点期间每亩承包地退出补偿指导价为1.4万元，实践中川西、万年等村都以此作为退出补偿价。为鼓励农户顺利退地，万年村对退地农民额外奖励2 000元/亩。

第四，考虑到试点村集体经济薄弱，地方政府安排补偿周转金。由于试点村集体经济薄弱，承接方有时也难以一次性支付合同期间的全部流转费用，梁平县于2016年制定《农村土地承包经营权退出周转金管理办法（试行）》，

拿到退地补偿的农民老两口告别乡村

为承包地退出试点安排了160万元周转资金。该办法规定，在集体经济组织不能一次性付清农户退地补偿款时，由地方政府退地补偿周转金先行垫付。后期，集体以退出土地的出租或发包收益，偿还政府垫付的周转金。川西村就是借助政府设置的周转金"赎回"农户承包地。

承包地退出政策符合进城农民意愿。万年村共有3 003亩耕地，流转面积就有2 720亩，流转率达91%，49个家庭农场、农业公司和合作社等新型经营主体经营了该村大部分耕地，该村80%～90%的劳动力从事非农工作，有30%劳动力去县外打工，不少进城农户愿意退地。川西村有3 728亩耕地，流转面积3 056亩，由23个新型农业经营主体经营。该村共有1 180个农户，第一次摸底就有约300户愿意退出承包地，进城农户退地意愿强烈。梁平县土地流转总面积为49.3万亩，流转比例达50.7%；农业人口72万，其中超过四成常年外出，不少进城农民有退出承包地的意愿。受现代农业发展和农民退地意愿的推动，在正式试验之前，梁平县农民已经自发进行了承包地退出尝试。2014年3月，梁平县蟠龙镇义和村有20个农户退出15亩撂荒承包地，转让给金带镇仁和村专业大户首小江。首小江把户口从原村迁至义和村，经成员代表大会民主表决后成为本集体成员，每亩向集体缴纳3.45万元的承包费用，以《中华人民共和国农村土地承包法》规定的"其他方式承包"该地块50年。退地农户拿到每亩3万元的补偿，村集体获得了每亩0.45万元的管理收益。2015年，政府部门还为首小江发放了农村土地承包经营权证。

承包地退出试验进展顺利且取得初步成效。由于承包地退出政策迎合部分进城农民的需求，且有助于发展规模经营与现代农业，承包户、村集体和用地主体的参与热情很高。以整体退出试点川西村九组为例，该组70多户农户中，有21户农户自愿申请退地，其中符合条件的有15户。做家具销售生意、53岁的吴建平，在镇上购买了300平方米门市房，他家已经12年不种地，4.56亩承包地让他人免费耕种。村里推行承包地退出试验后，他第一个赶回来申请退地。已在广东做了20年木工、月收入1万元、45岁的王元伟算了一笔账。他家7.17亩承包地已经出租7年，一年租金不到5 000元，租金还收得有一搭没一搭。而退出承包地可以得到10万元补偿款，若用以购买年利率6%的理财产品，年收入有6 000元。"我既不愿种地也不会种地，一次性退出更合适。"王元伟这样说。目前，川西村九组已经退出承包地79.69亩，并将进行地块调整，以实现退出土地的连片经营，受让承接主体用来规模化种植莲藕。

除农户整体退地外，根据新型农业经营主体的需要，万年村开展农民退出部分承包地的试验。比如，一个专业大户想长期租赁该村四组一块19.7亩的承包地，用以建设施大棚，种植水果、蔬菜。该地块涉及的29户农户，全都同意以每亩1.4万元的价格将承包权退给集体。集体将地出租给大户使用30年。另外，虽然万年村主要承担部分退出试点，但仍然有不少农户积极争取整体退出，经严格审核，最终两户农民退出了全部承包地。

梁平农户承包地试验进展顺利而有成效。至2016年8月底，试点正式启动不到2个月时间，梁平县已有101户农户自愿有偿退出承包地297.47亩。此外，合兴镇护城村等也在申请承担农户承包地退出试点工作。有受让承接主体表示，与集体直接签订长期土地转让合同后，他们不再担心农户临时反悔，也不受家庭承包期限制，农业规模经营更加稳定，他们可以更加放心地投资于土地和农业，更加踏实地建设农业，购买大型农业机械，与农业科研机构进行长期协作。调研中，重庆市农委参与设计承包地退出试验政策的几位干部感叹，农民退出承包地的意愿如此高，试验推进如此顺利，出乎他们预期。他们如今担心的已不是没人退地，而是想退地的农民太多了怎么办。

一些进城农民需要承包地退出制度通道

农民承包地退出实质上是农民承包土地的承包权的退出，事关农民的切身利益，急不得，但也慢不得，一些进城农民需要这样一个制度通道。提个简单的类比问题，如果你在城市的商品房不得交易，这是保障你的权益还是阻碍权益的实现？不少人对这件事有疑虑、有担心，可以理解，但深入调研、仔细求证后，精心设计制度便可实现稳妥退出，保障农民承包权利。

当前对农民退地要设置门槛，长远应健全农民社保体系，农户整体退地后不应再要求重新分配承包地。农民退出承包地后的长远生计保障，是决策者最为担忧的问题。梁平试验中，对整户退出全部承包地的农民，要求其必须有稳定的职业或收入来源、在本集体以外有固定住所。在一段时期内，部分农民向城镇转移就业、居住生活还不太稳定，其中一些有返回农业农村的需求。基于稳妥考虑，为防范农民退地可能带来的社会风险，当前各地试验及今后改革推进过程中，有必要在住房、就业、收入、社会保障等方面对退出承包地的农户设置退出条件。长远来看，应健全农民社会保障体系，提高农民社会保障水平，发挥社保体系对农民的保障作用，减轻承包地承担着的农民生活保障作用的压力。在新型城镇化及农业转移人口市民化进程中，逐步将农业转移人口尤其是退地农民纳入城镇社会保障体系。对于退出全部承包地的农户，其家庭现有人口及今后新增人口都不得再要求获得承包地。对于退出部分承包地的农户，若今后农村集体重新分配土地，应扣除其相应比例承包地。

集体拥有退出承包地的所有权，受让主体获得土地经营权而非承包权。农户退出的承包地仍然归集体所有并管理。集体收回承包地后，可以统一经营，也可以转让。退出土地应优先转让给本集体经济组织成员。与土地经营权流转类似，外来主体也可以受让，但集体应对其设置一定进入条件并有权监督规范其用地行为，主要包括：外来主体应具备农业生产能力，农地必须农用，合理保护农地等。梁平试验中，当地按照《中华人民共和国农村土地承包法》规定，以非家庭承包方式的其他承包方式发包，采取招标、拍卖、公开协商方式竞价发包，发包年限初定30

年，还可入股经济实体，原则上不再以家庭承包方式发包。

2016年中央一号文件提出，稳定农村土地承包关系，落实集体所有权，稳定农户承包权，放活土地经营权，完善"三权分置"办法。农户退出承包地经集体再发包后，承包权和经营权如何体现，受让承接主体获得的是什么权利？需要做好顶层设计。有三种方案供选择——第一，对受让主体是本集体经济组织成员的，赋予其受让土地承包权和经营权；对受让主体是非本集体经济组织成员的，仅赋予其受让土地的经营权。此方案区别对待了集体成员与非集体成员的权利，但会在集体内部造成承包地、承包权的不平等。第二，无论受让主体是否为本集体经济组织成员，都赋予其受让土地的承包权和经营权。这一方案赋予集体外部主体以承包权，涉及外部人进入集体、打破集体边界的问题。梁平试验中，首小江大费周折将户口迁入义和村一组，成为集体经济组织成员，获得了土地承包经营权。但这不应该是未来的政策方向。第三，无论受让主体是否为本集体经济组织成员，仅赋予其受让土地的经营权。综合考虑，建议选择第三种方案。一视同仁地仅赋予受让主体土地的经营权，统一体现退出土地重新转让后受让主体获得土地经营权的有偿性、非平均性,可以清楚地区别于按家庭承包方式获得承包地的无偿性、平均性。

此外,应建立健全承包地退出与转让的产权交易市场,政府可在市场服务、补偿周转金方面发挥作用。梁平试验初步形成了承包地的农户退出、集体收回、经营主体受让的产权交易市场的雏形。但目前试点较为封闭,当前试验阶段政府还不得不参与其中,土地要素的价格形成机制还不成熟,市场很不完备。未来试验政策推广后,承包地退出与转让活动应纳入农村产权流转交易市场,统一进行管理与服务。目前承包地退出的补偿价格还并非完全由市场形成,政府制定的征地补偿价格客观上成为指导承包地退出的价格上限。今后承包地退出与转让的价格应由市场来决定。政府直接指导承包地退出与转让、指导价格形成的作用应在市场完备后逐步退出。我国大部分村组集体经济薄弱,76.3%的村集体经营年收益都在5万元以下。政府可设立退地补偿周转金,支持农户与集体之间顺利完成承包地的退出与回收。

还应统筹推进农户承包地、宅基地与集体收益分配权退出试点。进城农民的土地承包权、宅基地使用权以及集体收益分配权这"三项权利"的维护和退出是一个系统性问题，都聚焦于进城农民利益，需要统筹推进。2010年以来，川西村有21户农民退出29.5亩宅基地，退出宅基地复垦还耕，验收合格后，经重庆市土地产权交易所卖出建设用地指标（"地票"），每亩13万～14万元，集体留15%，农户获得85%。川西村愿意退出承包地的农户中，部分已经在前几年退出了宅基地。冯辉路之前未退出宅基地，调研中，他明确表示：愿意把宅基地也退掉，彻底"洗脚上岸"，不做农民了。我们在调研中发现，农民有同时放弃承包地、宅基地和集体收益分配权的实际需求。除梁平县外，开展了土地承包权退出试验的还有四川省成都市和内江市市中区，主要由农业部门进行指导。

2015年启动的宅基地制度改革，在集体经济组织内部探索宅基地自愿有偿退出的机制。关于农民拥有的集体资产股份权能退出的改革也正在一些地区推进。对每户进城农民而言，"三项权利"退出是其需要统筹考虑的问题。这里建议，"三项权利"退出的试验试点应该统筹推进，事关农民土地及其他权利的改革应有综合性、系统性顶层改革方案，由相关部门和地方政府协调推动。

未来，还可探索农村土地国家赎买收储政策。目前承包地退出试验中，回收主体是农村集体，政府只是起到垫付周转金等作用。在我国，农村土地、农用地除了集体所有外，还有国家所有形式——国有农场的土地即为国有。未来，除了由集体收回农户承包地外，还可以实行农业转移人口退出农村土地的国家赎买收储政策，国家建立土地赎买收储基金，借助农村产权交易所，由国家直接出资赎买农户承包地等农村土地收归国家所有并储备，经集中连片、土地整治、改善农业基础设施后，再行转让给农业经营主体。国家赎买收储农村土地类似于现有的国家征收农村土地，但国家征收农村土地的目的是工业化和城镇化用地，而国家收储农村土地可以将其拓展到储备农业用地、发展农业生产上。

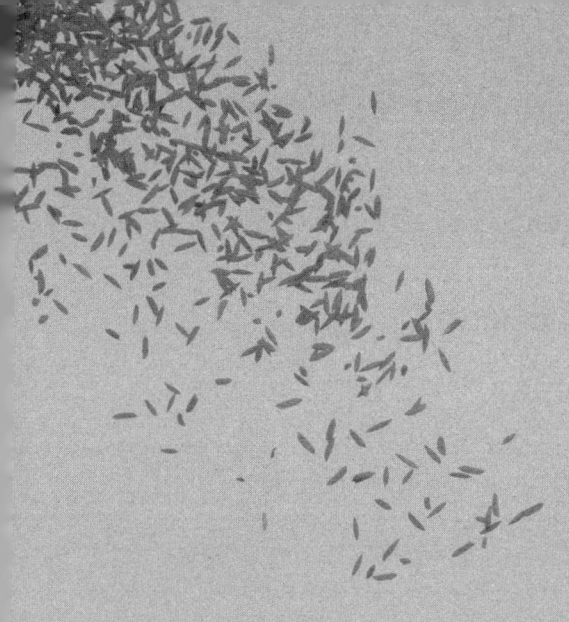

集体建设用地变局
打开入市通道

农村集体经营性建设用地入市不像土地征收一样还需要支付对集体土地所有权的补偿,而只需要支付地上建构筑物的补偿及一定期限土地使用权的使用费,降低了拆迁、安置等用地成本。D试点地区一位干部讲:"以村集体为主与村办企业谈,企业不会瞎要,集体也不会多给。"

农村集体土地与国有土地权利不平等的二元土地制度，其主要表现是建设用地的权利不平等。中国共产党十七届三中全会、十八届三中全会的决定都提出要建立城乡统一的建设用地市场。打破二元土地制度壁垒、建立城乡统一的建设用地市场，是中国共产党十九大报告提出的"建立健全城乡融合发展体制机制和政策体系"的题中应有之义。自2015年以来，国家开展了农村集体经营性建设用地入市试点，已取得明显成效。下一步应在试点经验基础上，打破二元土地制度壁垒，打开土地入市交易制度、税收与增值收益分配制度、抵押融资制度、续期产权制度、不同地类统筹入市等制度通道，构建农村集体建设用地入市的制度框架。

农村集体经营性建设用地入市改革试点成效明显

一是农村集体经营性建设用地入市改革在同权同价、激活资产、配置资源、收益共享等多方面成效较为明显。农村集体经营性建设用地入市从制度上开辟了农村集体土地直接入市渠道，以拓展权利的方式保障农村集体土地权益，初步实现了农村集体经营性建设用地与国有建设用地同等入市、同权同价的改革试点目标。据Q试点地区对比分析，集体土地平均出让价格比同地段国有土地出让评估价格低7%，基本实现了"同权同价"。从D和N等试点地区看，目前入市的不少土地为废弃或闲置多年的原乡镇企业、村办企业用地。农村集体经营性建设用地入市后，死资源变成了活资产，有效配置了稀缺的建设用地资源，市场在土地资源配置中起决定性作用的改革要求得以实现，为完善土地产权制度和土地要素市场化配置蹚出了新路子。农村集体经营性建设用地入市壮大了集体经济，增加了农民集体收益，让土地收益和经济发展成果能更多地惠及农民、惠及乡村振兴。有建设用地入市的农村集体经济组织普遍分享到较高的土地增值红利，集体成员的收益与股份普遍增长。

二是农村集体经营性建设用地入市未改变土地的集体所有性质，相比土地征收而言降低了用地成本。农村集体经营性建设用地入市与土地征收的本质不同是，土地征收将集体土地征收为国有土地，改变了土地所有权性质，而农村集体经营性建设用地入市并不改变土地的集体所有性质，只涉及土地使用权和用地主体的变动。因此，农村集体经营性建设用地入市不像土地征收一样还需要支付对集体土地所有权的补偿，而只需要支付地上建构筑物的补偿及一定期限土地使用权的使用费，降低了拆迁、安置等用地成本。D试点地区一位干部讲："以村集体为主与村办企业谈，企业不会瞎要，集体也不会多给。"D试点地区将农村集体经营性建设用地入市与产业升级相结合，降低企业获得建设用地的难度与成本从而降低国民经济运行成本，提高土地利用效率，促进产业升级发展，已取得一定成效。

三是农民集体由土地征收中的被动参与变为农村集体经营性建设用地入市中的主动作为，减少了征地拆迁矛盾。农村集体经营性建设用地入市开辟了农民集体直接进行土地交易的渠道，农民集体不再是土地征收中的被动参与，而是积极主动地与地方政府一起开发利用土地，共同

农村集体建设用地入市

发展产业，共享土地增值收益和经济发展红利。土地征收中，征地拆迁矛盾总会频频发生，形成社会风险隐患，影响社会和谐稳定。农村集体经营性建设用地入市制度改革从根本上改变了开发建设使用土地的制度逻辑，变"征收集体土地转为国有再使用"为"农村集体经营性建设用地直接入市并使用"，从根本上大大减少了征地拆迁矛盾。

构建农村集体建设用地入市制度框架

同时，也应认识到，农村集体经营性建设用地入市中有待完善的制度。一是农村集体经营性建设用地入市与土地征收制度未有机统筹，集体土地直接入市对土地征收产生的巨大影响正在显现。农村集体经营性建设用地直接入市与农村土地被征收为国有入市是未来并行的两种供地方式，这两种供地方式既互为补充又此消彼长，这两项制度改革密切相关。试点地区的农村集体经营性建设用地入市交易制度既与现有的国有土地交易平台和规则有关系，但又相对独立，没有形成集体土地与国有土地之间统筹一致的入市交易规则。一些试点地区由专门的试点办或土地制度改革办而非土地管理行政部门来具体处理农村集体经营性建设用地入市工作。

对同一块具备条件的集体土地而言，上市要么被征收为国有上市，要么直接上市，土地相同但上市方式不同，涉及的上市后的土地所有权属性、收益及其分配也不相同。集体土地直接上市后，土地所有权仍归集体，集体及其成员不仅在入市期限内可以获得收益，而且到期后仍然有收益。但集体土地被征收为国有上市后，集体及其成员只可以获得一次性的补偿收益，土地使用权到期后的续期收益也与其无关。W试点地区的农民集体在集体经营性建设用地入市中的收益大约是土地征收中收益的3倍。集体土地直接入市与土地征收入市之间的收益的这种根本差别和显性差距必将对未来的供地制度产生巨大影响。W地区直接入市的集体土地还比较少，目前还未影响到土地征收。而D试点地区则反映集体经营性建设用地入市肯定对土地征收有巨大影响，而且这种影响已经显现。不同制度树立起来的"水闸"壁垒很难抵挡两边的收益差别的压力。

二是入市收益的税收政策尚待明确，税收与集体土地增值收益调节金关系有待理顺。农村集体经营性建设用地入市应兼顾国家、集体和农民利益，其中，国家利益主要靠税收来体现。目前试点阶段，入市收益的税收核算与征收政策尚不明确。D试点地区还没有农村集体经营性建设用地入市的税收核算与征收办法，据反映，因农村集体经营性建设用地入市是新生事物，未列入收税目录，税务部门还不能对此征税。N和W试点地区初步拟定了农村集体经营性建设用地征税办法和税收种类，但也表示并不规范，税收标准繁复不统一，难以征收。

按照财政部、原国土资源部2016年印发的《农村集体经营性建设用地土地增值收益调节金征收使用管理暂行办法》，试点地区对入市土地收取一定比例的增值收益调节金，纳入县（区）地方一般公共预算管理，试点期间市、省以及国家层面不参与调节金分成。集体土地增值收益调节金不同于税收，今后两者关系有待理顺，进行衔接或并轨。

三是农村集体经营性建设用地抵押融资难。农村集体经营性建设用地抵押融资是集体经营性建设用地入市的重点内容，只有可以抵押融资，才能真正实现集体建设用地与国有建设用地同权同价。N试点地区的农商银行早在2001年起就已开始办理农村集体经营性建设用地使用权抵押贷款业务。原银监会、原国土资源部于2016年5月印发

《农村集体经营性建设用地使用权抵押贷款管理暂行办法》。截至 2017 年中期，Q 试点地区累计办理抵押 36 宗，抵押金额 9 008.1 万元。农村集体经营性建设用地抵押融资的潜力和市场很大，但目前农村集体经营性建设用地抵押融资还存在困难——第一，抵押价值评估与核定难；第二，抵押物变现处置难，存在抵押融资风险；第三，入市开发中的拆迁、整治、补偿等资金需求较大。但在这一阶段，项目手续往往不齐备，金融机构难以放贷。一些金融机构采用支持试点特事特办的方式给予融资，但普遍在政策上、金融监管上不托底，希望能有明确的政策和正式的手续。

四是入市土地类型只有经营性而没有公益性建设用地及宅基地。试点意见规定，可入市的农村集体经营性建设用地是指存量农村集体建设用地中，土地利用总体规划和城乡规划确定为工矿仓储、商服等经营性用途的土地。但有些试点地区反映，存量集体经营性建设用地较少，符合直接入市条件的很少，不具有示范效应。因小学撤并、基层组织调整、乡村公共服务机构合并等原因，各地都或多或少形成闲置的公益性集体建设用地，同时以宅基地为主的农村居民点用地也存在大量闲置。这些土地有入市的必要与需求，但没有入市的途径。实际操作中，为减少土地资源浪费，一些闲置的公益性建设用地有时也会纳入入市范围。

五是农村集体建设用地使用权到期后产权处置存在不确定性。农村集体建设用地使用权到期后产权处置问题关系到土地产权的稳定性和预期，关系到农村集体建设用地与国有建设用地能否实现同权同价。国有建设用地使用权到期后，《民法典》规定"住宅建设用地使用权期间届满的，自动续期。非住宅建设用地使用权期间届满后的续期，依照法律规定办理。该土地上的房屋及其他不动产的归属，有约定的，按照约定；没有约定或者约定不明确的，依照法律、行政法规的规定办理"。而由于缺乏明确关于农村集体建设用地到期后产权处置的法律法规或政策规定，相比较而言，用地主体会认为国有建设用地具有更为稳定、可预期的土地产权，而集体建设用地的产权存在一定的不确定性。这导致集体建设用地难以实现与国有建设用地的同权同价。

试点地区农村集体与用地主体双方一般都有关于土地使用权到期后产权归属约定，但做法不尽相同。W试点地区有约定续期的或回购的。N试点地区农村集体对土地支配权的意识极为强烈，目前的集体土地入市基本上在合同中约定土地使用权到期后，土地及其地上建构筑物无偿归集体所有。据 N 试点地区提供的数据，平均而言，当地工业用途类集体建设用地出让价格是同区域同类国有土地出让价格的约八成，商服用途类集体建设用地出让价格仅为同区域同类国有土地出让价格的约四成。

六是一定区域内不同村集体的可入市土地与收益不平衡。一定区域范围内，农村集体经营性建设用地能否入市以及可入市数量、价值取决于三大因素，这些因素导致了一定区域内不同村集体的可入市土地与收益不平衡。第一，土地利用、建设、产业发展等规划。比如，在 D 试点地区，有的村集体经营性建设用地可以上市，但有的村集体经营性建设用地被规划为绿化用地，不可上市。这两类村集体之间可上市土地及可得收益上存在很大的不平衡。第二，可上市土地数量与存量集体经营性建设用地面积相关。不同村集体历史上形成的集体经营性建设用地面积差别较大，利益差别也大。D 试点地区有的村集体经营性建设用地面积有上千亩，有的只有几十亩。第三，地理位置以及基础设施与公共服务配套。

应结合如上有待完善之处，思考如何打破二元土地制度壁垒，打开制度通道，构建农村集体建设用地入市的制度框架。农村集体经营性建设用地入市改革方向正确，要充分借鉴既有实践和经验，统筹推进改革，打破二元土地制度壁垒，打开这一新生事物与现有制度之间的制度通道，进一步构建农村集体建设用地入市的制度框架。可以从以下几个方面入手。

第一，打破二元土地制度壁垒，构建集体建设用地与国有建设用地同平台、同规则并轨运行的市场交易体系。农村集体经营性建设用地入市在国家试点之前已有部分地区在试行。G省早在2005年就已经出台集体建设用地使用权流转管理办法，对集体建设用地使用权出让、出租、转让、转租和抵押作出规定。N试点地区的同志表示，该地区开展集体建设用地入市已有二三十年的历史，初步统计已入市的集体建设用地约15万多亩，近5年来，每年经公开交易入市的集体经营性建设用地都在200宗以上，土地面积超2 000亩。原国土资源部早在2000年就选取安徽省芜湖市等地开展农村集体建设用地使用权流转试点，在集体建设用地入市方面已经有一些探索。此轮改革试点也已3年。从试点经验看，打破二元土地制度壁垒、赋予集体建设用地与国有建设用地同等权利不仅在理论上能站得住脚，在实践中也完全可行。下一步，要构建集体建设用地与国有建设用地同平台、同规则并轨运行的市场交易体系。集体建设用地与国有建设用地入市主体不同，但交易平台、交易规则可以统一、并轨运行。农村集体经济组织作为入市主体可以充分参与交易，但不必另起炉灶，重新搭台。

第二，打开集体土地入市与土地征收之间的制度通道，建立双轨并行的建设使用土地来源渠道。农村集体经营性建设用地入市要与土地征收制度改革紧密结合，互相补位，相向而行。要进一步明确公益性用地主要走土地征收渠道，非公益性用地主要走集体建设用地直接入市渠道。要把界定公共利益用地范围、制定土地征收目录、缩小土地征收范围与农村集体经营性建设用地入市有机统筹起来。在试点地区综合评估集体建设用地入市对土地征收、地方财政收入、国家税收、产业发展等方面的影响，进一步完善税费、收益分配等相关制度。最终，摈弃单一的进行建设需要土地必须使用国有土地的路子，建立集体土地入市与土地征收"两条腿走路"的建设使用土地来源渠道。

第三，打开集体土地入市与国有土地入市之间的税收和增值收益分享分配制度通道，制定农村集体经营性建设用地入市税收政策。在地方试点探索基础上，参照国有土地入市的税收政策，制定农村集体经营性建设用地入市税收政策。对所需征收的相关税收及各种情况下的征税标准作出明确指引，开设专门科目，完善税种，兼顾国家和人民大众利益。统筹规范农村集体经营性建设用地入市税收和集体土地增值收益调节金的征收与使用。农村集体经营性建设用地土地增值收益调节金征收使用管理是权宜之计还是长远办法？此处提出两种选项：第一种是将集体土地增值收益调节金政策固化，进一步健全实施办法，国家、省、市层面也参与分成；第二种是将集体土地增值收益调节金与国家税收政策、国有土地出让金政策衔接、并轨，统筹规范集体和国有土地增值收益税费征收使用管理办法。这里倾向于第二种选项。

第四，打开集体建设用地与国有建设用地之间的抵押融资制度通道，进一步完善集体经营性建设用地抵押融资办法和配套体系。参照国有建设用地抵押融资办法，结合试点经验，进一步完善集体经营性建设用地抵押融资办法，从法律层面赋予集体经营性建设用地抵押融资权能，充分实现其价值。制定农村集体经营性建设用地基准地价及评估体系，建立农村集体经营性建设用地抵押贷款风险防范与化解机制，在农村集体经营性建设用地入市的拆迁腾退、土地整治、项目建设等前后环节建立金融全程支持服务机制，营造宽严适度的融资环境，创新支持改革的融资产品。

第五，打开集体经营性建设用地与闲置公益性建设用地、宅基地的入市通道，拓宽农村集体建设用地入市的土地类型。在严格、规范集体建设用地入市管理的情况下，不必只限定集体经营性建设用地才可以入市，可以考虑在符合规划、用途管制、依法取得的前提下，将闲置公益性集体建设用地以及闲置宅基地，一并纳入农村集体建设用地入市范围。

第六，打开集体建设用地与国有建设用地之间的续期产权制度通道，制定农村集体建设用地使用权到期后的指导意见。应就集体建设用地使用权期限届满后的土地及其地上建构筑物的产权处置问题进行深入研究，参照国有建设用地到期后的相关法律法规，打开集体建设用地与国有建设用地之间的续期产权制度通道，制定农村集体建设用地使用权到期后的指导意见。明确到期后用地主体和农民集体对于集体建设用地及地上物的权属关系和续期规定，提前给以规范，稳定产权归属，稳定农村集体与用地主体双方预期和利益，真正实现集体建设用地与国有建设用地的同权同价。

第七，打开区域内不同集体间因规划等因素形成的制度性差异，因地制宜建立农村集体建设用地入市的区域统筹机制。不平衡发展是中国特色社会主义新时代我国社会矛盾的一个主要方面，应尽可能统筹协调由于规划、地理位置等因素造成的集体经营性建设用地入市中的不平衡发展问题。D试点地区探索实施在统一规划、合理布局下，平衡不同村集体之间的入市土地和收益，一定区域一定程度上避免了新的不平衡发展问题。对其他试点地区和全国而言，也应因地制宜建立一定区域内统筹入市、统筹分配收益、统筹发展等集体建设用地入市的区域统筹机制。

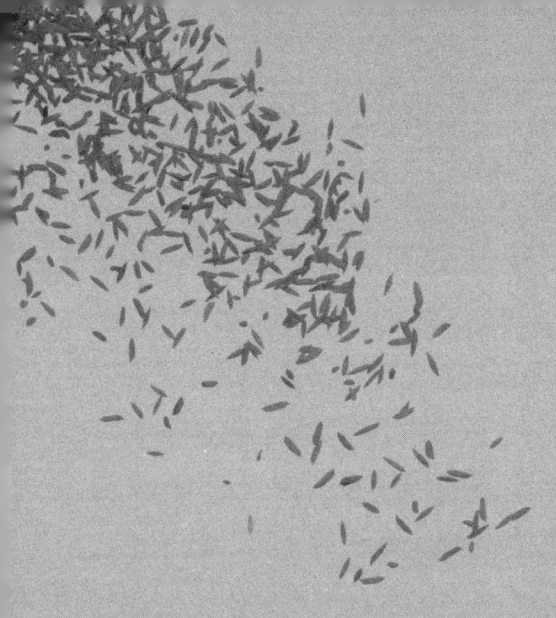

宅基地变局
使用权流转

　　很多农民花费一辈子的积蓄，就为了建一栋房子。农宅，包括农民的住房及其地下不可分割的宅基地使用权，是农民最重要的财产。近年来，越来越多的农民因外出经商、务工、迁居进城等原因，其住房和宅基地处于长期闲置状态。但由于政策限制，农民缺乏将其闲置农宅进行交易的合法渠道。闲置农宅成了农民沉睡的资产。

早在 2010 年，我承担了国务院发展研究中心一项关于农村宅基地制度的招标课题，当时业内对农村宅基地制度改革的研究还比较少，有些观点还不便对外公开。2011年，课题成果《完善与改革农村宅基地制度改革》由中国农业出版社出版。其后，我为农村宅基地制度也写过几篇文章，但我的研究框架、认识、观点、建议大体上还与当初一样，当时的认识和建议也与事物的发展走向基本一致。2017 年，我与中心副主任张军扩研究员合作撰写《关于深化农村宅基地制度改革的思考》。2019 年，我第二次赴湖南浏阳调研宅基地问题。

宅基地制度掣肘乡村发展

现行宅基地制度下，农村发展面临三个突出问题。一是农村宅基地及居民点用地闲置浪费严重，土地资源难以充分发挥其效益。在乡村人口大量减少的背景下，不仅城镇建设用地大幅增加，农村建设用地也继续增加。据《国家新型城镇化规划（2014—2020年）》显示，2000—2011年，在农村人口减少1.33亿人的情况下，以宅基地为主的农村居民点用地反而增加了3 045万亩。农村宅基地存在大量闲置浪费问题。原国土资源部相关报告显示，农村居民点闲置用地面积达3 000万亩左右，相当于现有城镇用地规模的1/4，低效用地达9 000万亩以上，相当于现有城镇用地规模的3/4。而导致农村宅基地闲置、低效甚至浪费的主要原因，是现行宅基地制度存在重要缺陷。由于宅基地使用权长期以来仅限于在农村集体经济组织内部流转，甚至本集体也缺乏有偿收回农民宅基地使用权的机制。这导致对宅基地真正有需要的主体，比如本集体之外的农民、城镇居民、企业、政府等不能通过市场化渠道转入享有宅基地使用权，从而使宅基地难以体现其市场价值。在这种情况下，一方面，农村新增户需要新增宅基地；另一方面，已经进城农民的闲置宅基地又不能通过市场途径流转和重新配置，必然导致宅基地总量增加与闲置浪费并存。

二是农民的农宅财产权无法实现,制度差异和权利不平等造成城乡居民间房屋财产价值的巨大鸿沟。无论农民还是市民,住房都是其最为重要的财产。农宅,包括农民的住房及其地下不可分割的宅基地使用权,是农民最重要的财产,无数农民为了盖房投入了大部分积蓄。然而,由于农宅无法市场化交易,其潜在价值无法实现。近年来,越来越多的农民因外出经商、务工、迁居进城等原因,其住房和宅基地处于长期闲置状态。但由于政策限制,农民缺乏将其闲置农宅进行交易的合法渠道。在发达地区农村和城市郊区,虽然农宅地下交易市场早已存在,但其价格却因交易范围的严格限制和正常交易渠道的缺失而远低于其真实价值。总体上看,因宅基地使用权禁止对外交易,农民的房屋所有权和宅基地使用权的财产权利残缺,农民缺乏对其农宅的处置权和变现选择权,闲置农宅成了农民沉睡的资产。

三是农村公共建设资金缺乏,乡村趋于凋敝。随着城镇化水平的提高和乡村人口的减少,部分乡村需要撤并,村庄数量趋于减少,这是客观必然。但今后无论如何发展,乡村都仍然会是几亿人口生产生活的场所,美丽乡村都将是美丽中国不可或缺的重要组成部分。由于公共资金缺乏，农村基础设施建设滞后，垃圾围村，脏水乱流，已经到了十分严重的地步。近年来，各地政府投入资金进行治理，情况有所改观，但问题远没有从根本上得到解决，特别是并没有形成一个良性的可持续的解决途径。我国乡村建设缺乏对资金的吸引力，乡村发展活力不足，这其中有经济社会发展客观规律的作用，但封闭的乡村发展理念、割裂的城乡二元土地制度和孤立的农村宅基地制度无疑也难辞其咎。改革开放以来，我们逐步消除了妨碍农村各类资源向城市转移的障碍，城市化水平不断提升，这是符合规律和发展方向的，但与此同时，各类资源向农村流动的渠道并不畅通，市场化的城乡要素双向流动机制没有真正形成。人为制度上的割裂，既形成城乡二元割据，也造成乡村之间的相互割据，造成乡村建设的封闭孤立，无法留住资金更难以吸引资金进入，乡村建设资金池有出无进，以致乡村趋于凋敝。

深化宅基地制度改革

在新的发展阶段，亟须深化农村宅基地制度改革。首先，健全社会主义市场经济体制需要深化农村宅基地制度改革，促进农村土地要素市场化。深化宅基地制度改革，引入市场机制，在农村土地集体所有制下，放活农村宅基地使用权流转，建立宅基地使用权流转交易市场，可以促进闲置宅基地的有效利用，提高土地使用效率，遏制宅基地闲置浪费现象，缓解城乡建设用地不足问题，促进农村土地节约集约利用，有利于形成城乡统一的建设用地市场。其次，赋予农民更多财产权利需要深化农村宅基地制度改革，促进农民增加财产价值与收入。最后，城乡一体化发展需要深化农村宅基地制度改革，促进美丽乡村建设。建成富强民主文明和谐的社会主义现代化国家需要打破城乡割据、乡乡割据，实现城乡一体化、公共服务均等化。无论城市还是农村都应是全体国民共同的居住生活地，城乡之间、乡乡之间应该可以自由迁移居住，不应因人而异、因户籍而异。放活宅基地使用权流转与交易，赋予公民更加自由的居住迁移权利是城乡一体化制度的一项重要内容。通过改革构建开放、共享、公平、现代的农村宅基地使用权流转交易制度，有利于打破城乡、乡乡之间居住用地制度结构性割裂状态，有利于释放农村宅基地和农村房屋资源的价值，吸引社会资本投入农村，有利于增强乡村集体的资金实力，从而使其能够更好地履行乡村基础设施建设、环境保护及提供公共服务方面的职责。也有利于提升农村房屋建设质量、标准和文化品位,以宅基地制度改革之力撬动社会资本投入建设美丽乡村,实现"墙里秋千墙外道。墙外行人,墙里佳人笑"的美好图景。

湖南省浏阳市是农村宅基地制度改革试点地区之一,根据我们分别于2016年和2019年进行的两次跟踪调研,浏阳市基于宅基地流转实际情况,实事求是、大胆探索,扩大宅基地使用权流转范围,开展宅基地跨村、跨镇对外流转,在推进农村宅基地制度改革试点中做了有益的探索。

2016年,我们在浏阳市调研时,浏阳市的干部即已反映,当地宅基地使用权及农民房屋的跨村、跨镇流转,尤其是偏远地区农村居民流转"购买"或租赁近郊农民房屋的情况普遍存在;农村宅基地制度改革试点政策中,关于宅基地可以在集体经济组织内部流转的规定没有新意,缺乏试点价值;浏阳市本来已计划在市域农村范围内放开宅基地使用权流转,但成为试点后反而管得更严了,束缚了手脚。而到了2019年,我们在对浏阳市的再次调研中发现,浏阳人不屈不挠的改革精神让其没有回避这一棘手问题,而是勇于推动农村宅基地跨村、跨镇制度化和规范化对外流转，取得了明显进展。

在宅基地制度改革试点中，浏阳市首先要直面的最大现实是，宅基地跨村、跨镇使用现象大量存在，而限于法律障碍无法确权、无法在法律框架内规范使用。这些现象产生的主要原因是浏阳山多地少，不少边远山区交通不便，地质灾害频发，经济条件较好的农户为改善交通和居住环境而自行跨村、跨镇购买宅基地。比如，地处边远的原杨花乡老桂村居民刘亚光于2008年将原有房屋拆除，举家迁居邻镇——大瑶镇南山村，按照新农村规划自建住房。他所在的芙蓉小区一共有29户农村居民，与他同样来自原杨花乡的有14户，还有3户来自另一个邻镇——金刚镇，这些从外镇迁来的农户无一例外因使用非本村土地建房而无法依法确权。有的农民耗尽一辈子的积蓄就为了建一栋房子，如果权属不清晰，他们的财产就无保障。

当地政府部门认识到，受诸多条件限制，短期内无法以政府为主导、以财政资金为支撑全面落实边远山区农民的搬迁安置，而对于农民自行通过宅基地流转改善居住环境的，政府有责任予以政策支持。为了解决农民跨村、跨镇流转宅基地问题，保障户有所居，引导农民集中居住，提高节约集约用地水平，浏阳市在改革试点中，允许农民使用非本集体经济组织的土地建房，使宅基地可以面向符合使用条件的农户自由流转，创新建立了流转有序、退出顺畅、确保权益、公平节约的宅基地管理制度。

浏阳改革探索与成效主要有以下五点。

第一，规划引领，市域范围内规划整理集中连片宅基地。浏阳市坚守建设用地总规模不突破、耕地面积不减少的基本原则，启动了村庄土地利用规划编制试点，开展了全市所有村庄建设规划的修编与提升工作，引导农民科学选址建房、节约集约用地。在城市和园区规划区统一建设现代化的农民公寓和农民住宅小区；在集镇、村庄规划区进行连片集中建设或多户联建；在广大农村地区，对地势较为平坦的村落尽量利用非耕地，规划多个集聚区满足农民生产生活需求；对山区则着重改善居住交通条件，避开地质灾害隐患，鼓励农民逐步迁移。试点以来，通过腾挪整治、集中安置，规划整理新的集中连片宅基地89宗，面向全市符合申请条件的农户公开竞价流转，有效确保满足农村居民建房需求。

第二，规范流转交易制度，满足农民流转需求，增加集体收益。一是构建交易平台。开发了集体建设用地交易系统，成立了湖南首家农村资源流转交易中心，建立了

宅基地使用权流转

"浏阳市城乡地价一体化"基准地价，为宅基地的流转、抵押、退出、收储提供了交易平台和价格指导。二是扩大流转范围。出台了《浏阳市农村宅基地使用权流转管理办法（试行）》，允许四个街道辖区和两个工业园规划区之外的宅基地，面向全市符合申请条件的农户流转，并鼓励通过公开竞价的方式取得。目前共流转宅基地 2 061 宗、面积 495 亩，其中跨村、跨镇流转 825 宗、198 亩。如澄潭江镇槐树社区推出 9 宗符合规划和节约集约用地要求的宅基地，经村民代表大会民主讨论同意公开择位竞价流转，吸引外村外镇农户落户成交 3 宗，地价总额 55.14 万元；大瑶镇新河小区规划整理集中连片宅基地 28 宗，其中 26 宗面向外村农民流转，平均竞得地价 12 万元。

第三，建立非本集体成员使用宅基地有偿使用制度。为了体现公平，平衡宅基地流转双方及所在农村集体的权益，维护本集体成员的权益，要求非本集体成员使用的宅基地，按总用地面积的 50% 向村集体缴纳有偿使用费。建立宅基地土地使用权证年检制度，未按时足额缴纳有偿使用费的，不予办理抵押、变更、流转等手续。现居大瑶镇南山村芙蓉小区的刘亚光等 17 户"外来户"均通过有偿使用办理了不动产权证书。

第四，完善退出宅基地再利用机制。一是严格执行"一户一宅"。通过收取拆旧保证金，开展拆违控违行动等措施，将"一户一宅"制度落到实处。易地建房的农户在办理新的宅基地许可时一律签订拆旧协议书并缴纳拆旧保证金，未按期拆除旧屋的，保证金不予退还，抵作政府强拆费用。改革以来共拆违 1.6 万宗、3 569 亩。二是实行复垦奖补政策。村庄内部退出的闲置宅基地复垦验收后，由市财政按标准给予奖励，结余的建设用地指标和耕地补充指标在浏阳区域范围内统筹使用。

第五，完善保障机制，保留退出宅基地农民的集体成员身份。出台《浏阳市农村宅基地退出暂行规定》，鼓励农业转移人口进入城镇购房或农村集中居民点定居，在集体经济组织认可的前提下，进城农民或跨村、跨镇迁居的农民仍保留原农村集体成员身份，并享有相关经济分配权益；需返乡创业的，可通过公开竞价重新取得宅基地。

现实中，全国大多数地方存在农村宅基地使用权对外流转使用的情况，有些地区还比较普遍，但流转使用很不规范，缺乏制度化、规范化的管理办法。浏阳市在农村宅基地制度改革试点中，紧扣农村宅基地使用权流转的现实难题，采取了一整套行之有效的改革举措，放宽宅基地流转范围，对接了农民之间流转宅基地使用权的需求，实现了宅基地使用价值，保障了农民宅基地使用权和房屋财产权利，增加了集体和农民收益，统筹规划、节约集约利用了农村宅基地和集体建设用地，让改革试点真正试出经验、试出成效、试出价值。

总体上，深化宅基地改革的思路应当是，"坚持集体所有，重点突破流转，系统配套改革"，亦即在坚持农村宅基地集体所有制的大前提下，重点突破宅基地使用权流转与农宅交易，配套推进相关改革和制度建设。具体有以下六点。

第一，放活宅基地使用权流转，建立农宅交易市场。放活宅基地使用权流转，是促进宅基地市场化配置、赋予农民财产权的基本要求。要在放活使用权流转的同时，建立农民宅基地使用权与房屋财产权流转交易市场，允许农民房屋财产权交易，包括转让、出租、买卖、入股、担保抵押等。参照城镇房屋交易制度和农村土地经营权流转制度，建立农宅交易制度，纳入农村产权流转交易市场体系一并管理与服务。长远看，农宅交易范围不应局限于本集体内部，而是要向全民放开，面向本集体外的其他农村和城镇人口放开。建立健全农民宅基地使用权和房屋财产权确权登记颁证制度，清理乱占、多占问题，以此作为农宅交易的基础。对于祖传农宅、不同历史阶段形成的农宅要根据实际情况予以确权登记。建立健全宅基地使用权价值市场化形成机制与评估机制，防止行政干预、私相授受、寻租舞弊，切实保障农民及农民集体的宅基地权利，充分体现宅基地市场价值。

当前社会上有一种担心，即认为，由于存在种种问题，比如由于过去管理不规范，宅基地分配存在较大不公平，个别村干部多占宅基地的问题比较突出，在这种情况下，一旦承认现实并允许交易，就会出现"天下大乱"。应当说，这种担心并非完全没有道理。如果简单承认现实并推进交易，肯定会出现不公平不合理的问题。但不能因为有问题、有困难就踟蹰不前，就看不到改革的紧迫性，实际上，不流转、不交易问题更大。

第二，从宅基地福利分配制度转变到综合性农民居住保障制度，进一步完善农村社保制度。新形势下，农村宅基地福利分配制度面临转型，农民居住保障制度要从单一的宅基地福利分配制度转变到综合性居住保障制度，多种途径保障农民居住权。农民既可以单门独户，也可以集中居住；既可以在本村居住，也可以去城镇和其他农村购买或租赁房屋居住。农民自愿有偿退出、转让宅基地使用权后，不得再给其分配新的宅基地。长期来看，要逐步取消宅基地福利分配制度，从根本上防止多占超占宅基地。对于绝大多数农民已不从事农业的农村，农民有意愿、当地有条件的，可以搞集中居住。但一定要按市场价公平合理给予农民补偿，切实保障农民住有所居。结合国家新型城镇化有关政策，建立农业转移人口住房保障制度，对于农民退出宅基地进城购房或租房的，给予购房税收减免、租房租赁补贴等优惠政策，将进城农民纳入公租房、廉租房等政策保障范围。同时，在现有新型农村合作医疗保险、新型农村养老保险的基础上，进一步完善农村社会保障制度，建立城乡统一的社会保障体系，提高农民社会保障水平。农村集体土地与资产等收益都可以用于缴纳农民集体的社保金。

第三，建立宅基地使用及农宅交易税费制度，充实乡村建设发展资金。农村宅基地使用权对外流转并不改变土地的集体所有权性质，就像城市住宅建设用地流转并不会改变其国有性质一样，外来人口进入农村使用宅基地需要向农村集体经济组织缴纳一定标准的宅基地使用费和乡村建设发展基金，以体现土地集体所有权，增加农村集体收入。农村集体经济组织成员超标准占用宅基地也需要缴纳相应费用。参照城镇房屋和土地流转交易的税费征收办法，农宅交易各方应向国家缴纳相应的契税、增值税、个人所得税、土地有偿使用费等税费。缴纳的各类税费用以充实农村建设、农业发展和农村集体公共服务所需资金，用于建设农村道路等基础设施和教育卫生等公共服务设施，改善农田水利和土地整治等农业生产条件，建设美丽宜居乡村。

第四，建立宅基地自愿有偿退出机制，统筹利用腾退宅基地。建立农民闲置宅基地使用权自愿有偿退出给农村集体经济组织的机制，由集体经济组织、地方政府或其他用地主体给予补偿。宅基地使用权退出也需要引入市场机制，与宅基地使用权流转市场并轨运行，由市场形成价格。建立腾退宅基地的统筹利用制度，腾退宅基地可以复垦用于农业生产，可以用于农村集体经营性和公益性建设用地，也可以用于建设农民集中居住房屋。按照十八届三中全会提出的建立城乡统一的建设用地市场的改革方向，腾退宅基地可以由农村集体对外出让、出租、抵押、置换等，也可以复垦后用于城乡建设用地增减挂钩政策项目、土地指标交易等。

第五，规划管控农村宅基地利用与乡村建设，建立健全乡村建设规划与服务制度。加强农村土地利用、乡村建设规划与管理工作，通过强化和优化规划来管控农村宅基地利用。在宅基地规划和管理上，应做到有松有紧，有放有收。放松合理优化配置存量宅基地资源的规划与管理。严格管控农用地转为非农用地，严守耕地红线，节约集约使用土地，坚决遏制农村宅基地及建设用地增长趋势。通过规划优化农村居民点布局和乡村建设，严格管控建筑质量和建筑风格，严禁私搭乱建，提升乡村整体风貌。政府和社会组织应引导农民和农村集体做好美丽乡村建设工作，提供民居设计、农村垃圾和污水处理、人居环境建设、乡村文化传承等方面的服务。

第六，明确农村集体边界，建立健全农村集体成员权制度与城乡居住证制度。广东、苏南、浙江等一些发达地区农村和许多城市郊区农村已经居住着大量外来人口，他们事实上使用当地农村的宅基地，可以享受相应的社会公共服务，但并不享受居住地农村集体成员的经济权利和福利，未打破当地农村集体经济组织边界。农村宅基地制度改革应与农村集体产权制度改革、户籍制度改革、城乡居住证制度改革联动。完善农村集体经济组织成员权制度，保护集体成员经济权利和利益,保障农村集体边界的稳定和完整性。分离人的经济身份与居民身份、经济权利与居住权利。不仅在城镇,而且在农村都需要建立健全居住证制度。

2018年中央一号文件《中共中央 国务院关于实施乡村振兴战略的意见》指出了今后一段时期农村宅基地政策的方向:"完善农民闲置宅基地和闲置农房政策,探索宅基地所有权、资格权、使用权'三权分置',落实宅基地集体所有权,保障宅基地农户资格权和农民房屋财产权,适度放活宅基地和农民房屋使用权,不得违规违法买卖宅基地,严格实行土地用途管制,严格禁止下乡利用农村宅基地建设别墅大院和私人会馆。"此后的中央一号文件也有相关的表述。

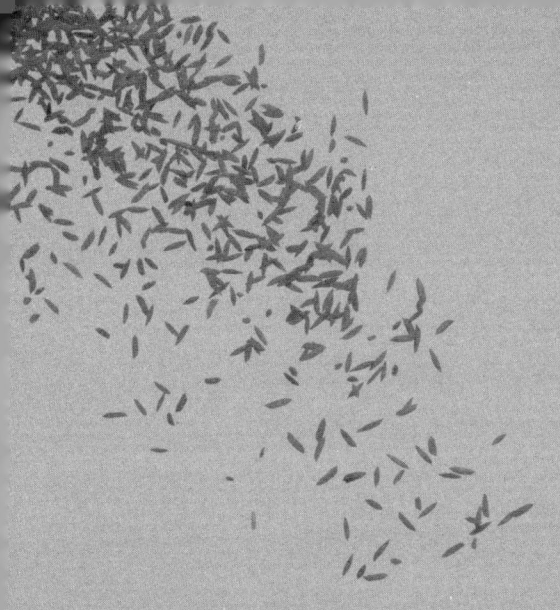

乡村社会变局
开　放

　　乡村女性不仅生儿育女、干家务，同时也参与农业生产和社会劳动。父母年轻时下地劳动，同样干完活回家，母亲还要忙着做饭——女性其实承担了更多的角色。随着经济社会活动的丰富多彩，女性可以参与的工作比以往更多了，女性承担的责任也从过去主要生儿育女照顾家庭增加到如今更多地参与经济社会工作，比如做生意、医护、乡村管理服务等等。

在经济学研究框架中，人是被作为生产要素之一、作为劳动力来对待的；西方经济学更是有"经济人"假设，为研究需要，假设人都是有理性的经济人。在政治学的研究中，人是政治力量、是服务对象。在社会学的研究框架中，人是主体，社会学关于人的研究围绕人的行为、传承、家族、婚姻等展开。费孝通先生的经典著作《乡土中国》主要研究论述的就是中国乡土社会中的人，包括中国乡土社会生活中人和人的关系的格局——差序格局、道德、家族、礼治秩序、无为政治、长老统治、血缘和地缘等方面，其中也包含了经济与政治的成分。另外还有其他一些研究叙述角度。研究和叙述的角度不同，对人的定位不同，但就人本身而言，则既是比这些研究范式更为丰富的综合体，又是简单鲜活的生命个体。

　　乡村是熟人社会，当前这种传统的熟人社会正在外向化、个人、家庭、社会关系正在从封闭走向开放、外向。乡村人与人之间高度熟悉,多次博弈,相互了解。传统乡村的人是固定于一方水土上的,生于斯,长于斯。即便女性出嫁也在四邻八乡,方圆几十里以内。人固定,乡邻、家门、亲戚、发小、朋友等人际关系和往来也相对固定、稳定。平常来往的人、过年走的亲戚,基本上几年、几十年差不多。乡村人少但来往多,有别于城市门对门互不来往。生于斯、长于斯,生老病死都在乡村。传统乡村是慢节奏的。从乡村的熟人社会到半熟人社会,再到城市的陌生人社会,是乡村城市化的一个方面,是社会分工进步、社会文化变迁的一种体现。有得有失,有进有退,有新生有不舍。"莫听穿林打叶声,何妨吟啸且徐行。竹杖芒鞋轻胜马,谁怕?一蓑烟雨任平生。料峭春风吹酒醒,微冷,山头斜照却相迎。回首向来萧瑟处,归去,也无风雨也无晴。"

男人、父亲与顶梁柱(男子汉)

男人,是性别角色;丈夫与父亲,是家庭角色;顶梁柱,是家庭和乡村社会的经济社会地位。多重身份、多重角色融为一体，乡村的男人是经济上的劳动力、社会关系上的家庭主事人、家庭中的丈夫与父亲。

乡村的农户家庭是一个独立的经济单元，是一个独立的经济体，传统的小农经济中，以男人为主要劳动力的农户家庭要独自处理农业生产、销售等经济活动。男人则更多地承担了发展家庭经济、养家糊口、支撑家门的经济社会角色。乡村的男人，不管他个性如何，坚强或者懦弱，能干或者不能干，隐忍或者冲动，独立经济单元的经济特性决定了他一旦成家后就要立业，要顶门立户、承担起家庭顶梁柱的责任，要操持家庭婚丧嫁娶等一家大事。从家庭、社会、经济这些角度来看，乡村的男人都是男子汉——必须也不得不有担当的男子汉。

黄土高原的春末夏初，该播种时却少雨，"春雨贵如油"，在20世纪八九十年代，天气预报还不普及，播种需要看天气，下雨前几天播种则出苗和收成最好。太早了不好，若不出苗还得补种；晚了不行，会误了时节。我的父亲是看天气的好手，在春意盎然的时节，父亲手臂交叉抱在胸前，抬头望着远方山峦叠嶂处的天空，凭经验预判着天气，决定何时播种。就凭父亲看天气的"本事"，我上中学那几年时，家里的玉米、谷子等作物播种及时，收成总比别人家多些。即便如今农业科技进步了、农业水利条件改善了,但在高原、山区务农的人们还是要看天播种、靠天吃饭。

乡村的每家农户都是一个农业经营主体,一般而言,家庭里的男人、父亲同时也是农业经营主体的"主事人"、决策者、经营者、劳动力,相当于公司制中董事长、总经理、财务、销售、工人等角色一肩挑。上述看天气播种仅是需要农民决策、经营的农事之一,其他还有种养什么、投资于什么、何时销售能有个好价、学啥手艺、做啥营生等。决策不慎、经营不善,都会带来损失,而农民大多没什么家底,损失不起。农家的男人都要能"担事",这既是家庭的责任,更是数千年来农业生产的特性赋予和决定的,是小农经济、农家家计的经营需要。

在我国人多地少、农业资源不足的条件下,一户十来亩地的小农农业也只是能让一家人填饱肚子而已。为了增加收入、贴补家用,乡村的人们——主要是男人们,还得有门手艺、干个副业、手工业,做点小生意,20世纪90年代以后则主要靠离开乡村外出打工。传统乡村中,木匠、泥瓦匠、铁匠等是男人干农活之外常兼做的第二职业。"男怕入错行"指的就是这些行当。这类职业一般师徒相授，师傅带徒弟，徒弟跟工学一段时间后学成出师，可以另立门户。父亲年轻时跟着本村一位木匠师傅学习木工手艺，木匠行业内一般学徒三年出师，父亲学到三个多月时，一次不小心用刨子把脚背刨伤了。休养一个多月后，父亲自行开始做木工、打家具。在我家狭窄的老院子里，父亲和隔壁六叔拉扯着大锯解木头，把木头解成厚薄不等的木板后，再用小锯、推子、凿子等工具做各类家具，我家用了三十年的柜子、箱子、桌子、板凳都是父亲做木匠时打造的。没几年后，因为木工生意不行，父亲就不干木匠了，工具倒是保留了好久，后来七借八借的，也慢慢不见了。

　　乡村老话讲"长兄如父"，传统乡村大家庭里，长子往往要早早地协助父亲承担起劳作养家的重任，就算长子成家单过了，拉扯弟妹成家立业等责任也免不了。这在父亲和岳父他们身上体现得尤为明显。过去乡村农家生养的孩子多，我的爷爷奶奶有三子四女，父亲为长子；妻子的爷爷奶奶有三子三女，岳父为长子。父亲和岳父经历相似，巧的是岳父做了一辈子木匠，他们年轻时帮着爷爷操持家计、接济叔叔姑姑一个一个地结婚成家立业，后牵头给老人们养老、看病、送终。一个个小事，一桩桩大事，一份份辛劳，岁月把父亲和岳父都锤炼成铁骨铮铮的硬汉，默默无闻，勤勤恳恳，吃苦耐劳，隐忍内敛，吃了那么多苦从不叫苦，受了那么多累从不喊累。正如歌曲《北国之春》委婉表达的："家兄酷似老父亲，一对沉默寡言人，可曾闲来愁沽酒，偶尔相对饮几盅。故乡啊故乡，我的故乡，何时能回你怀中？"在此，也借歌曲《父亲》致敬乡下父亲："总是向你索取，却不曾说谢谢你。直到长大以后，才懂得你不容易。每次离开总是装作轻松的样子，微笑着说回去吧，转身泪湿眼底。"

出嫁流动的女性

在传统乡村社会中，为了婚姻生育，在稳定的社会状态下，女性一生总会出嫁流动一次，这应该是从父系氏族代替母系氏族就开始了的数千年的女性流动史。乡村女性出嫁后，她的家庭身份发生重大转变，女性从熟悉的娘家出嫁流动到陌生的婆家，从打小被父母宠溺的家庭环境外嫁到担负妻子、母亲、儿媳等角色责任的新家。乡村社会的稳定背景中，流动着一个个的女性。传统乡村女性外嫁到新家后，需要操持家务、生儿育女、相夫教子、伺奉父母，要从女孩成长为女人。女性外嫁多数会嫁到外村，新的家族关系、亲戚关系、邻里关系都需要女性去面对、处理。

传统乡村女性一旦出嫁，她在家庭和乡村中的身份地位和权利便都发生了转变。在传统乡村及家庭的世俗观念以及长久以来沿袭的行为规范中，出嫁的女性一般不再拥有原生家庭的财产权利，如果嫁到外村则也不再拥有原生村庄的财产权利。这是乡村中长久以来沿袭的处理出嫁女财产权利的约定俗成的规范，但却与现代的乡村土地等财产权利法律法规产生了矛盾。比如，外嫁女的土地承包经营权权利问题，外嫁女的集体经济权利问题等。娘家给出嫁女儿的钱财馈赠，则是另外一回事。比如，我老奶奶的娘家经济条件较好，就曾资助我老爷爷老奶奶购买了老屋院子里其他人家的窑洞。乡村传统观念所谓"嫁出去的女儿，泼出去的水"，乡村女性嫁到男方家就很难再回头，所以"女怕嫁错郎"。

有母亲在的地方就是家

无论母系氏族社会、父系氏族社会还是现代社会，女性成为母亲后给家庭带来的温暖都是不变的。在两性分工上，女性主要负责照顾儿女成长，母亲天性的温暖无可替代、在家庭中的地位不可或缺，有母亲在的地方就是家，有母亲在才有家的气息。世人历来对母亲、母爱的赞美歌颂不可胜数，远远多于对父亲、父爱的，这和母亲在抚养儿女中付出的辛劳是成正比的。与这种发自天性、无怨无悔的母爱付出相比，再多的赞美歌颂也并不为多。

乡村女性不仅生儿育女、干家务，同时也参与农业生产和社会劳动。父母年轻时下地劳动，同样干完活回家，母亲还要忙着做饭——女性其实承担了更多的角色。随着经济社会活动的丰富，女性可以参与的工作比以往更多了，女性承担的责任也从过去的主要为生儿育女、照顾家庭增加到如今更多地参与经济社会工作，比如做生意、医护、乡村管理服务等等。

传统儒家礼教对女性的要求和影响

儒家思想深刻影响了传统乡村社会。封建社会的儒家礼教对女性有"三从四德""夫为妻纲"等行为准则和道德规范。女性一生中要"三从"，未嫁从父、出嫁从夫、夫死从子；要有"四德"，即妇德、妇言、妇容、妇功。"夫为妻纲"是儒家思想"三纲五常"其中之一"纲"，意思是妻子要以丈夫为根本、跟从丈夫，同时丈夫要做妻子的表率。乡村谚语"嫁鸡随鸡，嫁狗随狗"通俗地表达了此意。"夫为妻纲"是封建社会儒家伦理思想中家庭伦理关系的主要准则。在"三从四德""夫为妻纲"等行为准则影响下，封建社会形成了男尊女卑、女性从属于男性的社会及家庭关系。

乡村女性地位的提升

直到近代思想启蒙运动之后特别是中华人民共和国成立以来，"三从四德""夫为妻纲"的思想与男尊女卑的社会及家庭关系才逐渐被打破，男女平等成为被提倡和实行的社会准则。不过，传统思想文化影响的消退是逐步的、缓慢的，在乡村尤其如此。

乡村女性的解放和男女平等是文化思想进步、经济社会发展、政治号召等综合推动的。我的老奶奶、奶奶从小就被裹脚，走路只能颤颤巍巍小步走，一辈子主要在家做家务，传统思想和行动上都不允许她们走出去。乡村女性的解放首先是从解放身体的双脚开始的,起码不再裹脚了。中华人民共和国成立后,"妇女能顶半边天"的政治号召深入人心,乡村女性的地位大大提高,双脚、双手、思想、行动上都大为解放。对于要出嫁的女性,新社会自由恋爱、自主婚姻的意义应当更为重要。遵循"父母之命,媒妁之言"的古代婚姻制度下,婚嫁双方的男女婚前甚至不见面或见一两次面就成婚,这是古代对个人婚姻意志的不尊重和对人身权利的蔑视,这种婚姻习俗甚至一直延续到20世纪60年代的一些乡村。

由于家庭男女分工的不同,乡村中"男主外,女主内"的分工格局在许多家庭中依然并将长期存在。男人是家庭的主要劳力和经济来源,经济地位的不平等或许影响着家庭地位的平等。但是,随着机械对人力的替代,男性干活的体力优势不及从前,工业化、城镇化进程中乡村女性能够参与的工作越来越多,男女经济地位逐步平等,很大程度上改变了传统乡村家庭中的男女地位关系。

"人往高处走"与"穷汉子打光棍"

门当户对是乡村婚配时一般通行的乡俗,成婚的男女双方家境大多相当。在过去稳定的乡村社会，门当户对的婚配沿袭并维系着家庭与社会的稳定。但随着经济社会的发展、人口向城市不断迁移，"女孩往高处走"的趋势显现，女性出嫁会挑选条件更好的男方，在经济上、地理位置上都如此。偏远乡村的女性更愿嫁到地理位置好的乡村，乡村的更愿嫁到城里，一个不好的后果就是乡村位置、家庭条件不好的男性打了光棍。总体上，当前我国男性多于女性，男女性别比大约为105∶100，男性总体比女性多3 000多万，近三十多年来，新出生男女性别比长期高于110∶100，所以年轻男女性别比更高一些，年轻男性更加多于年轻女性。由于受一些地区中乡村重男轻女思想的影响，乡村的男女性别比高于城市、高于普遍水平。再加上女性更多地嫁到城市，乡村条件较差的男性婚配出现困难，"穷汉子打光棍"成为一个新的社会问题。我姐夫他们村位置偏僻、山路崎岖，村民收入低，一个小山村超过30岁的"光棍"有20多个。就像曲里唱的："一个在那山上哟一个在那沟，咱们拉不上那话话哎呀招一招个手。瞭得见那村村哟瞭不见那人，俺泪圪蛋蛋抛在哎呀沙蒿蒿林。"

"穷汉子打光棍"成为新的社会问题

水涨船高的结婚支出

结婚支出是乡村家庭特别是男方家庭支出的一大项,成为农民不得不承受的负担,并且随着总体经济条件的改善而越来越高。过去乡村的物质条件普遍一般,结婚支出的项目和金额都相对现在少,但在当时条件下负担也不轻。20世纪八九十年代,乡村结婚一般需要男方家在村里有处房子,和父母住在一起也行;男方家准备家电、家具,女方家也会随此类嫁妆;男方给女方家现金、金银首饰等作为聘礼和彩礼。

如今,结婚支出水涨船高。女方对男方家财产有了更高要求,房子和车子几乎成为标配,一些地方称之为"一动不动":"一动"指小轿车,"不动"指不动产——房子。并且,不少女方家还要求男方家在城里有房,这成为结婚支出的大头,买房带装修起码需要几十万。车子则需要花费几万到数十万不等。此外,男方给女方的聘礼、彩礼需要十万元左右,多数在十万以上,具体看所在地区和家庭条件。房子、车子、礼金这三项加起来,结婚支出需要好几十万。所以,乡村适龄男青年和其父母有两愁,一愁没人看得上愿意嫁,二愁结婚时开销大。如果家里有多个男孩,那开销就更大了。我表哥家有两个儿子,大儿子结婚的借款还没还完,二儿子就该结婚了,只能咬着牙关往上顶。

乡村人情社会的人情事理多

  我国乡村是熟人社会、人情社会,人情事理多,人情来往多,相应地,随礼支出也多。在这方面,县城(作为乡村之首)和乡村差别不大,但城市层级和规模越往上,人情事理来往和支出越少。这是乡村熟人社会与城市陌生人社会很大的一点不同。乡村熟人社会中,很多事情需要人们之间直接地互相照应、互相帮助,比如,过去农业生产上的合作、婚丧嫁娶时办事,等等。因此,乡村社会人情事理相对多。而在城市,社会分工程度高,社会化服务普及,人情事理不像乡村那么必要,人情往来也就没乡村那么多。乡村熟人社会、人情社会里,人与人之间的关系更为熟悉、亲近,人对村子、对集体的归属感和认同感更深。但同时,人与人之间、家庭与家庭之间的关系也较为复杂。同族、亲戚、邻里、同村、发小朋友等社会关系既亲近也复杂,常常伴随着由近生怨、由怨而产生矛盾。

乡村人情社会中的随礼

乡村人情社会中，除了日常人情往来，还有较多的红白喜事往来。红白喜事主要有结婚、丧事、老人大寿，以及小孩满月或周岁、小孩十二岁本命年、男人稳四十等等，名目繁多。办红白喜事时，同村乡邻、亲戚朋友都要随礼，随礼支出一月几件，一年几十件，礼金也越来越高，成为农民一项不小的开支、负担。

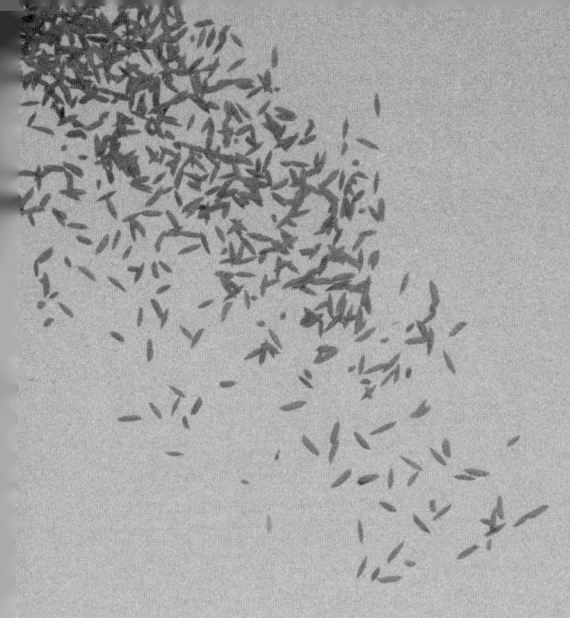

乡村治理变局
从礼治到"三治"

"大跃进"时期、人民公社时期，政府对乡村农民干预太多、管束太多，压抑农民自主性，导致乡村经济停滞。而农村改革则打破了束缚农民手脚的条条框框，"无为而治"释放了人性、思想与活力。

评理还是打官司：礼治与法治的平衡

乡村中人的行为、社会秩序靠什么来规范，乡村发生的矛盾纠纷靠评理还是打官司来处理，这实际是乡村社会靠礼治还是法治的问题。假设乡村中的两户人家，甲户和乙户，因为承包地或宅基地发生了土地权属纠纷。如果两家的纠纷找家族长辈、或村干部来评理（正式提法即"调解"），这种处理方式属于礼治的范畴；而如果两家的纠纷通过司法程序打官司来处理，则属于法治的范畴。

费孝通先生在《乡土中国》中用四个章节的内容来探讨乡村社会治理问题，包括礼治秩序、无讼、无为政治、长老统治。费孝通先生认为：乡土社会秩序的维持，有很多方面和现代社会秩序的维持（法治）是不相同的；乡土社会是"礼治"的社会，礼是社会公认合式的行为规范；

礼和法不相同的地方是维持规范的力量,法律是靠国家的权力来推行的,维持礼这种规范的是传统;在乡土社会里传统的效力更大。对于费孝通先生的高见,我深以为然。在传统乡村社会中,礼治一直占据主导地位,乡村中人们的日常行为主要依靠礼治来规范、指引,大量的纠纷与矛盾也靠礼治来调解。法治当然地位重要,但礼治是维持日常传统乡村社会秩序的主要治理方式。

维护乡村社会秩序靠礼治还是法治,体现的是乡村治理的思想根源。自西汉汉武帝以后,儒家思想成为两千年封建社会占统治地位的正统思想,儒家的礼治思想、教化和治理方式从而成为封建社会历朝历代治国理政的基本方式。但实际上,封建统治者都是一手儒家、一手法家,所谓外儒内法、儒法并用。相应地,法治也是封建社会治国理政的并行方式。只不过,在传统乡村社会,礼治的影响和作用更甚于法治。

德治是古代儒家、道家、墨家治理思想的现代升华

"鉴前世之兴衰,考当今之得失",中国儒家思想提倡德治与礼治;"道之以德,齐之以礼,有耻且格",法家思想提倡法治；道家思想提倡"无为而治"；墨家思想提倡"兼爱"。我个人以为，当代乡村社会提倡的德治应当是糅合德治、礼治、"无为而治"与"兼爱"的思想升华。传统礼治思想与行为规范在封建社会中长期占据重要地位，但其中包含有不合时宜的封建礼教内容。鲁迅先生的作品《孔乙己》《狂人日记》《故乡》《药》等深刻批判了封建礼教对人性的扭曲。而墨家"兼爱"思想中不分彼此、无差别、不分阶级的博爱，与儒家的亲疏有别的爱相对立。儒家亲疏有别的爱，体现在社会结构格局里，是费孝通所讲的差序格局；而墨家的"兼爱"体现出来的则是团体格局。"无为而治"思想显然是包含在德治中的，这并不是指在乡村中无所作为，而是不违背客观规律乱作为，不对乡村农民过多干预，让农民充分发挥其主观能动性、创造性。可资借鉴的例子是，"大跃进"时期、人民公社时期，政府对乡村农民干预太多、管束太多，压抑农民自主性，导致乡村经济停滞。而农村改革则打破了束缚农民手脚的条条框框，"无为而治"释放了人性、思想与活力。

从古代"皇权不下县"到当代党领导下的村民自治

"皇权不下县"是广为人知的关于古代社会皇权治理

乡村的说法。古代"皇权不下县"并不是指皇权不去管理或影响县以下的乡村，而是皇权之下正规的官僚机构不设在乡村。那么，古代乡村靠什么治理呢？——乡村自治。古代"皇权不下县"是依靠县下乡村自治为补充、支撑。学者秦晖在《传统中华帝国的乡村基层控制》中把"皇权不下县"总结为："国权不下县，县下惟宗族，宗族皆自治，自治靠伦理，伦理靠乡绅。"

有人会误以为当代村民自治来自西方的民主选举制度，却不知中国乡村数千年来都是自我治理的，只不过是自治的形式有所不同。古代的乡村自治靠宗族、乡绅、伦理；当代的乡村治理是中国共产党领导下的村民自治，靠村民、党员、村干部、村规民约。

毛泽东主席对农民、对乡村治理高度重视，无论是在革命战争时期，还是社会主义建设时期，都对农村工作、乡村治理有很多的著作与论述。毛泽东主席曾言：党政军民学，东西南北中，党是领导一切的。习近平总书记在党的十九大报告中引用了此论断。近年来的中央一号文件都强调要加强党对"三农"工作的全面领导。2023年中央一号文件明确提出要健全党组织领导的乡村治理体系，健全党组织领导的村民自治机制。乡村面貌的变化、乡村治理需要在党的领导下进行，基础设施、公共服务、社会保障向乡村延伸需要在党和政府的统一领导、统筹谋划下开展。在这一基础上，以自治、法治、德治相结合，"三治"并举，健全乡村治理体系，促进乡村振兴。